A2

몽골어 2 초급

Монгол хэл 2
Анхан шат

송병구 | 이선아 | B.Norovnyam | Ch.Oyungerel

몽골어2 초급 교재
MP3 파일 다운로드 QR

머리말

지금으로부터 30년 전인 1990년, 그동안 우리가 잊고 있던 북방의 이웃국가 몽골은 새로운 도약을 하기 시작하였습니다. 당시 몽골은 오랜 사회주의 체제를 과감히 버리고 민주주의 시장경제 체제를 도입하게 된 것입니다. 그리고 이러한 역사적인 체제전환의 출발점에서 우리 한국과의 국교를 발빠르게 수립하였습니다. 그로부터 정확히 30년이 지난, 올해 2020년은 바로 한·몽 수교 30주년이 되는 매우 뜻 깊은 해입니다.

지난 30년 간 양국은 정치, 사회, 경제, 문화 등 사회 전 분야에서 많은 관계발전을 이뤄왔습니다. 2019년 기준, 연간 약 20만 명 이상의 양국 국민들이 상호 방문하며 양국간의 활발한 교류는 꾸준하게 확대되고 있습니다. 비록 지금은 현재 COVID-19로 잠시 주춤하고 있지만 다시 상황이 좋아지면 양국간 교류의 규모는 계속해서 늘어날 것으로 전망됩니다.

몽골은 앞으로 남·북한 평화협력 시대와 동북아의 평화지대 구축이라는 큰 틀에서는 물론 경제, 문화, 관광, 의료 등 수많은 분야에서 직접 협력의 가능성이 무궁무진한 국가로, 그 외교적 중요성이 날로 높아가고 있습니다. 이렇듯 양국에 대한 관심과 협력은 상호 증가하고 있으며 몽골어에 대한 수요 역시 크게 늘어나고 있는 상황입니다.

사람들은 대부분 '몽골어' 하면 사실 배워 보기도 전에 미리 당연히 어려울 거라며 섣불리 다가가지 못합니다. 하지만 몽골어는 어려운 언어라기 보다는 잠시 우리에게 잊혀져 낯설어진 언어일 뿐입니다. 정작 몽골어는 한국어와 어순이 같을 뿐만 아니라 음운, 형태, 통사, 조어법 등 우리말과 많은 부분에서 유사합니다. 그렇기에 몽골어를 배우는 것은 타 언어에 비해 그다지 어려운 편은 아닙니다. 그럼에도 몽골어에는 한국어에는 없는 자음과 모음이 있고, 무엇보다 몽골어를 학습할 수 있는 통로가 많지 않은 특수외국어에 속하기 때문에 몽골어를 처음 배우고자 하는 사람들이 많이들 어려워 합니다.

최근 급속도로 발전하고 있는 IT 환경과 스마트폰을 이용한 다양한 몽골어 학습 관련 첨단 도구들과 혁신 기술들이 개발되고 있습니다. 이러한 다양한 방법을 통해 학습하는 것도 중요하지만 무엇보다 가장 핵심적인 학습자료는 몽골어에 대한 기본교재일 것입니다.

2018년부터 정부는 교육부 국립국제진흥원을 통해 '특수외국어진흥사업'을 시작하였고, 우리 단국대학교는 현재 청운대와 함께 '컨소시엄사업단'을 구성하여 몽골어, 아랍어, 베트남어, 포르투갈어에 대한 특수외국어진흥사업을 활발히 펼쳐나가고 있습니다.

본 교재 또한 이러한 특수외국어진흥사업의 일환으로 출판되었습니다. 본 사업의 목적 중 하나가 특수외국어의 저변 확대에 있습니다. 따라서 본 교재는 몽골어에 관심을 가지고 처음 배우고자 하는 모든 국민이 알기 쉽고, 편리하게 학습할 수 있도록 만들어졌습니다.

본 교재는 몽골어의 학습이 필요한 모든 국민에게 무료로 제공됩니다. 교재의 전 내용이 〈단국대·청운대 특수외국어 컨서시엄 사업단〉의 홈페이지를 통해 PDF 파일과 MP3 파일로 무료 배포되는 것은 물론, K-MOOC 및 다양한 학습 앱의 개발을 통해 교재를 더욱 편리하게 학습할 수 있도록 할 예정입니다. 다만 실제 책이 필요하신 분들에 한해 시중 서점에서 교재의 실물 책을 구매할 수 있도록 하였습니다.

앞으로도 몽골어에 관심이 있거나 몽골어가 필요한 모든 이들이 누구나 손쉽게 본 교재를 다운로드 받고 편안하게 교재의 강의를 학습할 수 있는 이상적인 몽골어 학습 환경을 지속적으로 구축해 나가도록 하겠습니다. 부디 이 교재가 몽골을 이해하고 몽골어에 입문하고자 하는 모든 분들에게 소중한 첫 시작이 되기를 기대해 봅니다.

2020년 12월 24일
저자대표 송병구

이 책의 활용법

이 책은 몽골어를 처음 접하는 모든 사람들이 손쉽게 초급 단계의 몽골어를 학습할 수 있도록 구성하였다. 몽골어 표준교육과정에 따라 초급인 A1과 A2 과정을 『몽골어1 초급』과 『몽골어2 초급』로 나누어 각 권 15과 총 30과로 편성되었다. 또한, 『몽골어1 초급』에서는 01과 전에 사전학습의 의미로 00과를 편성하여 몽골어에 관한 전반적 사항과 몽골어 알파벳을 학습할 수 있도록 하였다. 본문과 회화는 원어민의 정확한 발음을 녹음하여 MP3로 무료 배포할 것이다. 몽골어2 초급 교재(MP3 파일) 다운로드 QR은 아래와 같다.

각 과의 구성은 다음과 같다.
1. 본문 / 새단어
2. 핵심문법
3. 핵심회화
4. 연습문제
5. 주제별 어휘 및 표현

몽골어2 초급 교재
MP3 파일 다운로드 QR

1. 본문

먼저 본문에서는 각과의 문법내용이 포함된 다양한 주제의 내용을 가능한 실제 대화 형식으로 담아 해당 과에서 다룬 문법을 학습할 수 있도록 하였다.

2. 핵심문법

몽골어 초급 단계에서 학습자들이 가장 힘들어 하는 부분이 문법인 만큼 몽골어 학습자들이 스스로 독학할 수 있도록 가능한 자세히 설명하였다. 또한, 필진들과의 논의를 통해 초급 단계에서 반드시 알아야 할 문법 사항을 선별하여 순차적으로 구성하였다. 핵심문법은 최대한 많은 예시와 예문을 제시해 학습을 돕고자 하였다.

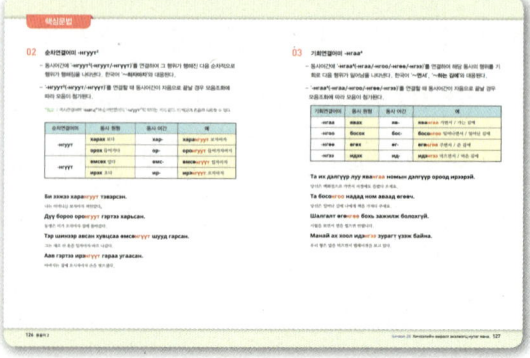

3. 핵심회화

실제 실생활에서 사용하는 상황별 회화를 통해 학습자들이 몽골어로 실제 상황에 곧 바로 응용할 수 있도록 하였다.

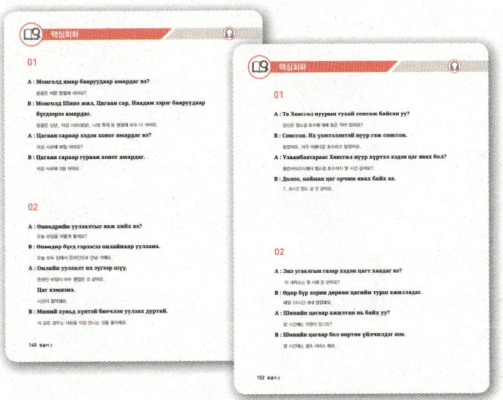

4. 연습문제

주로 핵심문법의 사항을 정확히 이해했는지를 확인하는 것은 물론 본문과 핵심회화의 내용을 잘 숙지했는지를 스스로 평가할 수 있도록 다양한 방식의 문제로 구성하였다.

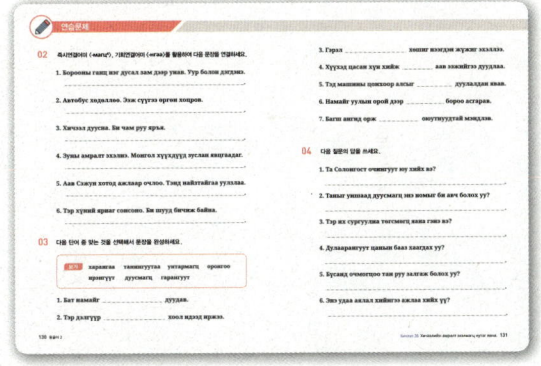

5. 주제별 어휘 및 표현

각 과의 부록 같은 역할을 하며, 실생활에 직접 활용할 수 있는 다양한 주제의 어휘를 정리하였고, 그 어휘를 활용한 간략한 표현도 함께 학습할 수 있도록 하였다.

저자 소개

송병구
단국대학교 몽골학과에서 학부와 석사과정을 마쳤으며, 몽골국립대학교 어문화대학에서 박사학위를 취득했다. 현재 단국대학교 외국어대학 아시아중동학부 몽골학전공 교수로 재직하고 있으며, 대학 부설 몽골연구소장과 단국대·청운대 특수외국어 컨소시엄 사업단장을 맡고 있다.

이선아
단국대학교 몽골학과에서 학부 과정을 마쳤으며 고려대학교 대학원에서 비교문학 비교문화 전공으로 석사와 박사학위를 취득하였다. 현재 단국대학교 아시아중동학부 몽골학전공 교수로 재직하고 있다.

B.Norovnyam
몽골국립대학교 한국학과에서 학부과정을 마치고 서울대학교 국어국문학과에서 석사, 고려대학교 대학원 문화협동과정 민속학전공으로 박사학위를 취득했다. 1994년부터 2012년까지 몽골국립대학교 한국학과에서 교수로 재직했으며, 현재 단국대학교 외국어대학 아시아중동학부 몽골학전공 교수로 재직하고 있다.

Ch.Oyungerel
한서대학교 국제관계학과에서 학부과정, 서울대학교 국제대학원 국제학과에서 석사과정을 마쳤고, 단국대학교 몽골학과에서 박사학위를 취득했다. 현재 단국대학교 외국어대학 아시아중동학부 몽골학전공 교수로 재직하고 있다.

목차

| 머리말 | 02 |
| 이 책의 활용법 | 04 |

16과　Би ажилдаа автобусаар явдаг.　13
\# 학습내용　　　　　　도구격 -аар⁴, 인칭대명사의 도구격
\# 주제별 어휘 및 표현　몽골의 스포츠

17과　Миний найзууд янз бүрийн ажил хийдэг.　23
\# 학습내용　　　　　　복수형 -ууд²/-нар/-с/-д, 인칭재귀어미
\# 주제별 어휘 및 표현　음악의 종류

18과　Солонгос руу илгээмж явуулмаар байна.　35
\# 학습내용　　　　　　방향격 -руу²/-луу², 인칭대명사의 방향격
\# 주제별 어휘 및 표현　악기

19과　Би таны дээл, бүсийг үзэж болох уу?　45
\# 학습내용　　　　　　허락/허가의 표현 -ж/-ч болох, 가능의 표현 -ж/-ч чадах
\# 주제별 어휘 및 표현　컴퓨터 용어

20과   Би өдөр бүр цэцэрлэгт алхаж, дасгал хийсэн. 55

학습내용   대등연결어미 -ж/-ч, 직후연결어미 -аад⁴
주제별 어휘 및 표현   몽골어 약어

21과   Ажил эрт дуусвал таван цагт уулзъя. 65

학습내용   조건연결어미 -бал⁴/-вал⁴/бол, 양보연결어미 -вч
주제별 어휘 및 표현   교통 및 교통수단

22과   Энэ тасалбар хэнийх вэ? 75

학습내용   2인칭 종결어미 -аач⁴, 소유격에 연결하는 접사 -х,-хан,-д
주제별 어휘 및 표현   동물

23과   Үүнийг ааруул гэдэг. 87

학습내용   인용동사 гэх 의 표현, 추측의 표현 байх
주제별 어휘 및 표현   동물의 울음소리

목차

24과 **Та өчигдөр жүжиг үзэв үү?** ·········· **99**

\# 핵심문법　　　　　　과거시제2 -в, -жээ/-чээ, 필요의 표현 -х хэрэгтэй
\# 주제별 어휘 및 표현　몽골의 세계문화유산

25과 **Би энэ зун солонгос хэл сурахаар шийдсэн.**
·· **111**

\# 핵심문법　　　　　　목적연결어미 -хаар⁴, 후속연결어미 -хлаар⁴
\# 주제별 어휘 및 표현　몽골 행정단위와 아ймаг

26과 **Солонгос руу илгээмж явуулмаар байна.**
·· **123**

\# 핵심문법　　　　　　즉시연결어미 -магц⁴, 순차연결어미 -нгуут², 기회연결어미 -нгаа⁴
\# 주제별 어휘 및 표현　계절과 날씨

27과 **Өнөөдөр бид нар ямар сэдвээр ярилцах вэ?**
·· **135**

\# 핵심문법　　　　　　의문사
\# 주제별 어휘 및 표현　계절 풍속

| 28과 | **Би арав гаруй жил ажиллаж байна.** | 147 |

핵심문법 후치사
주제별 어휘 및 표현 몽골의 명절과 기념일

| 29과 | **Хүнсний захын хүнс шинэ бас хямд байх шүү.** | 159 |

핵심문법 첨사
주제별 어휘 및 표현 몽골의 유명 관광지

| 30과 | **Тийм учраас морь сайн унадаг.** | 173 |

핵심문법 접속사
주제별 어휘 몽골의 생활 금기

연습문제 정답 ……………………………………………………… **185**

Тэмдэглэл

Хичээл **16**

Би ажилдаа автобусаар явдаг.

나는 직장에 버스로 갑니다.

학습 내용

도구격 -aap⁴, 인칭대명사의 도구격

 본문

Мин Ху	**Та ажилдаа юугаар явдаг вэ?**
Ану	**Би ажилдаа автобусаар явдаг.**
Мин Ху	**Автобус хурдан уу, такси хурдан уу?**
Ану	**Заримдаа автобус хурдан.**
	Чи сургуульдаа юугаар явдаг вэ?
Мин Ху	**Би бас автобусаар явдаг. Заримдаа алхдаг.**
Ану	**Алхах сайн шүү.**

본문해석

민호	당신은 직장에 무엇으로(무엇을 타고) 갑니까?
아노	나는 직장에 버스로 간다.
민호	버스가 빠릅니까, 택시가 빠릅니까?
아노	가끔은 버스가 빨라. 너는 학교에 무엇으로(뭐 타고) 가니?
민호	저도 버스로 갑니다. 가끔 걸어갑니다.
아노	걷는 것이 좋아요.

юугаар 무엇으로 **автобус** 버스 **хурдан** 빠르다 **такси** 택시 **заримдаа** 가끔 **алхах** 걷다

핵심문법

01 도구격 -аар⁴

– 몽골어의 도구격 어미는 어떤 행위의 도구나 수단 방법을 나타내며, '~로/~으로/~를 사용하여'라는 의미를 나타낸다.

– 도구격의 형태는 '**-аар⁴**'이고 모음조화에 따라 **-аар**, **-оор**, **-өөр**, **-ээр** 의 4가지 형태가 있다.

도구격어미	예		
-аар	мах – махаар 고기로	автобус – автобусаар 버스로	алчуур – алчуураар 수건으로
-оор	мод – модоор 나무로	ном – номоор 책으로	ёс – ёсоор 관습으로
-өөр	төмөр – төмрөөр 쇠로	төмс – төмсөөр 감자로	өвс – өвсөөр 풀로
-ээр	хэл – хэлээр 말로	сэрүүлэг – сэрүүлгээр 알람으로	үзэг – үзгээр 펜으로

– 도구격 -аар⁴ 의 정서법

① 단어의 끝이 단모음으로 끝나는 경우 그 모음을 탈락시키고 도구격을 연결한다.

　　үнэ – үнээр 가격으로　　　мөнгө – мөнгөөр 돈으로

② 단어의 끝이 'ь'으로 끝나는 경우 'ь'을 'и'로 바꾸고, 'и'로 끝나는 경우 도구격의 모음 하나를 탈락시키고 연결한다.

　　морь – мориор 말로　　　толь – толиор 거울로
　　салхи – салхиар 바람으로　　тамхи – тамхиар 담배로

③ 단어의 끝이 장모음이나 이중모음으로 끝나는 경우 'г'를 첨가한 후 도구격을 연결한다.

харанд<u>аа</u> – харанд<u>аа</u>гаар 연필로 **с<u>үү</u> – с<u>үү</u>гээр** 우유로

ю<u>у</u> – ю<u>у</u>гаар 무엇으로 **шох<u>ой</u> – шох<u>ой</u>гоор** 분필로

*참고 : 단모음으로 끝나는 외래어인 경우 단모음을 탈락시키지 않고 단모음 다음에 'г'을 첨가한 후 도구격을 연결한다.

метр<u>о</u> – метр<u>о</u>гоор 지하철로 **такси – таксигаар** 택시로

④ '받침 **н**'으로 끝난 일부 단어의 경우 '**н(нг)**'에 들어있던 '**г**'를 꺼내 탈격에 연결한다.

жи<u>н</u> – жи<u>н</u>гээр 무게로 **ёото<u>н</u> – ёото<u>н</u>гоор** 각설탕으로

– 도구격은 다음의 예문들과 같이 다양한 의미로 사용된다.

[재료]

A : **Энэ ямар мах**аар **хийсэн бууз вэ?** 이것은 어떤 고기로 만든 보쯔입니까?

B : **Энэ үхрийн мах**аар **хийсэн бууз.** 이것은 소고기로 만든 보쯔입니다.

[도구]

A : **Харандаа**гаар **бичсэн үү?** 연필로 썼나요?

B : **Үгүй, бал**аар **бичсэн.** 아니요, 볼펜으로 썼어요.

[수단]

A : **Та юу**гаар **ирсэн бэ?** 당신은 무엇으로 오셨습니까? (어떤 교통수단을 이용해서)

B : **Би автобус**аар **ирсэн.** 저는 버스로 왔습니다.

[시간적 범위]

A : **Та нар зуны амралт**аар **юу хийх вэ?**
당신들은 여름방학에 뭐 하실 거에요? (여름방학을 이용해서)

B : **Бид нар зуны амралт**аар **хөдөө явна.** 우리들은 여름방학에 시골에 갑니다.

02 인칭대명사의 도구격

의문첨사		주격	도구격	
1인칭	단수	би	надаар	나로 하여금
	복수	бид бид нар	биднээр бид нараар	우리로 하여금
2인칭	단수	чи	чамаар	너로 하여금
		та	танаар	당신으로 하여금
	복수	та нар	та нараар	너희들로 하여금 당신들로 하여금
3인칭	단수	энэ	энүүгээр үүгээр*	이 사람으로 하여금
		тэр	тэрүүгээр түүгээр*	저 사람으로 하여금 / 그로 하여금
	복수	эд эд нар	эднээр эднээр	이 사람들로 하여금 / 이들로 하여금
		тэд тэд нар	тэднээр тэд нараар	저 사람들로 하여금 / 그들로 하여금

A : Танаар сонин юу байна?
당신에게(당신으로 하여금) 별일 있나요? (영어로 How are you? 의 의미)

B : (Надаар) Юмгүй дээ. 별일 없어요.

A : Үүгээр явах уу, түүгээр явах уу? 이리로 갈까요, 저리로 갈까요? (지시대명사로 해석)
B : Тэрүүгээр явъя. 저리로 가자.

 핵심회화

01

A : Энэ их амттай бууз байна. Юугаар хийсэн бэ?

이거 아주 맛있는 보쯔네요. 무엇으로 만들었어요?

B : Хонины махаар хийсэн.

양고기로 만들었어요.

A : Та энэ буузыг хийсэн үү?

당신이 이 보쯔를 만들었어요?

B : Үгүй ээ, миний эгч хийсэн.

아니요. 우리 언니가 만들었어요.

02

A : Та юугаар Солонгос явах вэ?

당신은 무엇으로(무엇을 타고) 한국에 가요?

B : Онгоцоор явна.

비행기로 가요.

A : Би танаар нэг бичиг явуулъя.

제가 당신으로(당신편에) 서류 하나를 보낼게요.

B : Тэгээрэй. Та бичгээ надад өгөөрэй.

그러세요. 당신이 서류를 나에게 주세요.

A : Танд баярлалаа.

당신께 감사합니다.

연습문제

01 보기 에서 맞는 의문사를 골라 문장을 완성하세요.

> 보기   хэнээр   юугаар   хэдээр   хаагуур   хэдийгээр

1. Чи сургуульдаа _____ ирсэн бэ?

   Би метрогоор ирсэн.

2. Талхыг _____ хийдэг вэ?

   Талхыг гурилаар хийдэг.

3. Чи _____ аялсан бэ?

   Би Японоор аялсан.

4. Чи өчигдөр Сэжун хотод _____ ирсэн бэ?

   Би өчигдөр өглөөгүүр ирсэн.

5. Чи цүнхээ _____ зарах вэ?

   Цүнхээ 70,000 воноор зарна. .

연습문제

02 보기 에서 알맞는 격을 찾아서 빈 자리에 넣으세요.

> 보기   -д/т   -ыг/ийг/г   -аас⁴   -аар⁴

1. Бага ангийн багш сурагч_____ хичээл зааж байна.
2. Би маргааш энэ шинэ кино_____ үзнэ.
3. Бид кафе_____ сууж байна.
4. Захиагаа мэйл_____ явууллаа.
5. Надад найз_____ ил захидал ирсэн.
6. Би сургуульдаа метро_____ ирдэг.
7. Би үд_____ хойш цагийн ажил хийдэг.
8. Та үүнийг хэн_____ хийлгэв?

03 다음 질문에 답하세요.

1. Кимчи жигэг юугаар хийдэг вэ?
   _____

2. Гурилаар юу хийдэг вэ?
   _____

3. Солонгост ямар сайтаар хамгийн их хайлт хийдэг вэ?
   _____

4. Солонгост ямар сайтаар хамгийн их худалдаа хийдэг вэ?

5. Солонгосчууд ямар сайтаар видео үзэх дуртай вэ?

6. Солонгос оюутнууд голдуу юугаар сургуульдаа ирдэг вэ?

04 다음 대화를 읽고 질문에 답하세요.

> А : Би Солонгосоор аялмаар байна. Хаагуур явах вэ?
>   Юугаар явах вэ?
> Б : Та машинаар аял_____ . Машин түрээслээрэй.
>   Далайн эргээр яваарай.

1. 빈 자리에 맞는 종결어미를 붙이세요.
   ① -на⁴   ② -аарай⁴   ③ -даг⁴   ④ -ж байна

2. 무엇에 대한 이야기입니까? 알맞은 것을 고르세요.
   ① машин түрээс
   ② аялал
   ③ далайн эрэг
   ④ ажил

주제별 어휘 및 표현

몽골의 스포츠

전통적인 몽골의 스포츠인 말타기, 활쏘기, 씨름과 함께 다양한 스포츠 용어는 다음과 같다.

[몽골의 스포츠]

스포츠 명칭	
• бөх 씨름	• цанаар гулгах 스키타기
• сур харваа 활쏘기	• тэшүүрээр гулгах 스케이트 타기
• морины уралдаан 말경주	• чаргаар гулгах 썰매타기
• сагсан бөмбөг 농구	• хоккей 하키
• усан сэлэлт 수영	• бейсбол 야구
• хөл бөмбөг 축구	• бокс 복싱
• теннис 테니스	• агаарын теннис 배드민턴
• ширээний теннис 탁구	• бильярд 당구
• гольф 골프	• хөнгөн атлетик 육상경기
• гар бөмбөг 배구	• спорт 스포츠

[묻고 답하기 표현]

A. Та ямар спортод дуртай вэ? 당신은 어떤 운동을 좋아합니까?

B. Би _____ дуртай. 저는 _____을/를 좋아합니다.

Хичээл 17

Миний найзууд янз бүрийн ажил хийдэг.

내 친구들은 여러가지 일을 합니다.

학습 내용

복수형 -ууд²/-нар/-с/-д, 인칭재귀어미

본문

Мин Ху	Таны найзууд ямар ажил хийдэг вэ?
Ану	Миний найзууд янз бүрийн ажил хийдэг. Захирал, эмч, дуучин бас жүжигчин бий.
Мин Ху	Найзууд тань байнга уулздаг уу?
Ану	Найзууд минь хааяа уулздаг. Тэд их завгүй.
Мин Ху	Миний найзууд бас завгүй. Бид хааяа утсаар ярьдаг.
Ану	Тийм шүү.

본문해석

민호	당신의 친구들은 어떤 일을 합니까?
아노	내 친구들은 여러가지 일을 해요. 사장, 의사, 가수 또는 배우도 있습니다.
민호	(당신의) 친구들은 자주 만납니까?
아노	(내) 친구들은 가끔 만나요. 그들은 아주 바빠요.
민호	제 친구들도 바쁩니다. 저희는 가끔 전화를 합니다.
아노	그렇군요.

найзууд 친구들　**янз бүрийн** 여러가지/각종의　**ажил** 일/직업　**захирал** 사장　**эмч** 의사　**дуучин** 가수　**жүжигчин** 배우　**байнга** 자주/항상　**завгүй** 바쁘다　**утсаар ярих** 전화를 하다

핵심문법

01 명사의 복수형

- 몽골어 명사의 복수형은 명사와 연결하여 명사가 다수 있다는 복수의 의미를 나타내며 한국어 '~들'과 대응된다.
- 한국어에는 명사의 복수형이 '~들' 하나지만 몽골어에는 크게 다음과 같은 5개의 복수형이 있다.

$$\text{-ууд}^2,\ \text{-чууд}^2,\ \text{нар},\ \text{-с},\ \text{-д}$$

1) –ууд² (-ууд/-үүд)

- 몽골어 복수형의 대다수를 차지한다. 단모음이나 자음으로 끝나는 단어에 주로 연결한다.
- 모음조화에 따라 양성단어인 경우 '-ууд', 음성단어인 '-үүд'를 연결한다.

мал – мал**ууд** 가축들   гэр – гэр**үүд** 집들
хичээл – хичээл**үүд** 수업들   хүүхэд – хүүхд**үүд** 아이들

- 복수형 **-ууд²**의 정서법

① 단모음으로 끝난 단어의 경우 단모음을 탈락시키고 '-ууд²'를 연결한다.

багана – баган**ууд** 기둥들   үнэ – үн**үүд** 가격들

② 'ь'으로 끝난 단어의 경우 'ь'를 'и'로 바꾸고 복수형의 모음 하나를 탈락시키고, 'и'로 끝난 단어의 경우 복수형의 모음 하나를 탈락시키고 바로 연결한다.

сургууль – сургуул**иуд** 학교들   говь – гов**иуд** 고비(사막)들
анги – анг**иуд** 교실들   занги – занг**иуд** 부관들

핵심문법

③ '숨은н'으로 끝난 단어의 경우 '숨은н'을 포함하여 연결한다.
   (숨은н + ууд / 숨은н + үүд)

   хэл(н) – хэлнүүд 언어들   мөнгө(н) – мөнгөнүүд 돈들
   харандаа(н) – харандаанууд 연필들   ширээ(н) – ширээнүүд 책상들

④ 장모음이나 이중모음으로 끝난 단어의 경우 'н'을 삽입해 준다.
   (-н + ууд / -н + үүд)

   индүү – индүүнүүд 다리미들   мэлхий – мэлхийнүүд 거북이들
   малгай – малгайнууд 모자들   ой – ойнууд 숲들

④ '받침н(нг)'으로 끝난 단어의 경우 '받침н(нг)'에 들어 있던 'г'를 포함하여 연결한다.
   (-г + ууд / -г + үүд)

   байшин – байшингууд 건물들   номын сан – номын сангууд 도서관들

2) -чууд² / -чуул²

– 복수형 '-чууд²'는 주로 집합적 성격의 사람들에게 사용된다. 기능이 같은 '-чуул²'을 쓰기도 한다.

   монгол – монголчууд 몽골사람들   залуу – залуучууд 청년들
   эмэгтэй – эмэгтэйчүүд 여성들   эрэгтэй – эрэгтэйчүүд 남성들

3) нар

– 'нар'는 주로 사람과 관련된 단어와 함께 사용한다. 다른 복수형과는 다르게 따로 띄어서 쓴다.

   ах - ах нар 형들   дүү - дүү нар 동생들
   багш - багш нар 선생님들   эмч – эмч нар 의사들

4) -с

– 자음으로 끝나거나 장모음, 이중모음으로 끝나는 일부 단어에 연결한다.

нэр – нэрс 이름들　　　　**үр – үрс** 씨앗들

үг – үгс 단어들　　　　**залуу – залуус** 젊은이들

– 모음을 첨가한 후 연결하기도 한다.

ах – ахас 형들　　　　**дээд – дээдэс** 조상들

5) -д

① 'й, л, н, р'로 끝나는 일부 단어의 경우 'й, л, н, р'를 생략하고 연결한다.

нохой – ноход 개들　　　　**түшмэл – түшмэд** 신하들

хаан – хаад 왕들　　　　**эзэн – эзэд** 주인들

нөхөр – нөхөд 남편들

② 어간과 관련된 내용의 행위자, 직업종사자를 나타내는 명사파생접사 '-гч', '-чин'로 끝나는 일부 단어 다음에 연결한다. 'гч'의 경우 발음을 쉽게 하기 위해 'и'모음을 첨가해주고 'чин'의 경우 'н'을 탈락시키고 연결한다.

сурагч – сурагчид 학생들　　　　**уншигч – уншигчид** 독자들

дуучин – дуучид 가수들　　　　**зочин – зочид** 손님들

③ 장모음이나 'ь' 으로 끝나는 일부 단어 다음에 연결한다

шувуу – шувууд 새들　　　　**морь – морьд** 말들

핵심문법

*참고1 : 다음과 같은 일부 단어들은 한 개 이상의 복수형을 사용한다.
аав : аавууд, аав нар 아버지들
ээж : ээжүүд, ээж нар 어머니들
ах : ах нар, ахас 형들
найз : найзууд, найз нар 친구들
залуу : залуучууд, залуус 청년들
морь : моринууд, морьд 말들
хонь : хонинууд, хоньд 양들
нохой : нохойнууд, нохос, ноход 개들

*참고2 : 인칭대명사의 복수형은 『몽골어1』 1과에서 다룬 바 있다.

인칭	단수	복수
1인칭	**би** 나	**бид, бид нар** 우리들
2인칭	**чи** 너	**та нар** 너희들/당신들
	та 당신	
3인칭	**энэ** 이 사람	**эд, эд нар** 이 사람들
	тэр 저 사람	**тэд, тэд нар** 저 사람들

*참고3 : 몽골어에는 명사 이외에 동사어간에 '**-цгаа⁴**'라는 접사를 연결하여 그 행위를 다수가 한다는 복수의 의미를 나타낸다.
Сайн байцгаана уу? 안녕들 하세요?
Бүгдээрээ явцгаая. 모두 갑시다.
Хурдан унтацгаая. 빨리들 잡시다.
Шалгалтаа сайн өгцгөөе. 시험 잘들 봅시다.

02 인칭재귀어미

- 몽골어의 재귀어미는 일반재귀어미와 인칭재귀어미로 나눌 수 있고, 일반재귀어미는 『몽골어1』 13과에서 이미 다룬 바 있다. (-аа⁴)

- 인칭재귀어미는 1, 2, 3인칭에 대한 재귀소유의 의미를 갖는다

인칭	인칭재귀어미	예
1인칭	минь 나의	ах минь = миний ах 나의 형
	маань 우리의	ах маань = манай ах 우리 형
2인칭	чинь 너의	ах чинь = чиний ах 너의 형
	тань 당신의	ах тань = таны ах 당신의 형
3인칭	нь 그의	ах нь = түүний ах 그의 형

Ах минь жолооч. (나의) 형은 운전사입니다.

Ах маань хөдөө суудаг. (우리) 형은 시골에 산다.

Ах чинь жолооч уу? (너의) 형은 운전사이니?

Ах тань хөдөө суудаг уу? (당신의) 형은 시골에 삽니까?

Ах нь жолооч. (그의) 형은 운전사입니다.

 핵심회화

01

A : Энэ улирлын хичээлүүд ямар байна вэ?

이번 학기의 수업들은 어때요?

B : Энэ улирлын хичээлүүд сонирхолтой байна.

이번 학기의 수업들은 재미있어요.

A : Багш чинь монгол хэлээр хичээл заадаг уу?

(너의) 선생님은 몽골어로 수업을 가르쳐요?

B : Тийм. Багш маань монгол хэлээр хичээлээ заадаг.

네. (우리) 선생님은 몽골어로 수업을 가르쳐요.

> – **улирал**은 '계절'이라는 의미도 있지만 학교관련 내용에서 '학기'로 해석된다

02

A : Солонгосын уулс өндөр үү?

한국의 산들은 높아요?

B : Тийм. Солонгосын уулс өндөр, их модтой.

네. 한국의 산들은 높고, 나무가 많아요.

A : Монгол бас өндөр уулс, өргөн талтай.

몽골도 높은 산들, 넓은 초원이 있어요.

B : Та ууланд гарах дуртай юу?

당신은 산에 오르는 것을 좋아해요?

A : Тийм ээ, би өндөр ууланд гарах дуртай.

네, 저는 높은 산에 오르는 것을 좋아해요.

연습문제

01 다음 단어를 복수형으로 바꾸고 짧은 문장을 만드세요.

1. захирал _____.

2. хаан _____.

3. нохой _____.

4. шүтээн _____.

5. боксчин _____.

6. эмч _____.

7. жолооч _____.

8. хөл бөмбөгчин _____.

9. барилгачин _____.

10. номын санч _____.

연습문제

02 괄호 안 단어를 복수형으로 만들어 문장을 완성하세요.

1. Жил бүрийн 5 сарын 8-нд (Аав) _____ын өдөр-ийг тэмдэглэдэг.

2. (Эмч) _____ хүмүүст тусалж байна.

3. 2 сарын 14-нд (охин) _____ найз залуудаа шоколад бэлэглэдэг.

4. Монгол хэлний тэнхимд шинэ (компьютер) _____ авсан.

5. Монголд усны (шувуу) _____ хавар ирдэг.

6. Хуучин (ном) _____аа өнөөдөр өгөөрэй.

03 보기 와 같이 문장을 바꾸어 쓰세요.

> 보기 Тэнд олон оюутан байна. → Тэнд оюутнууд байна.

1. Сөүлд олон өндөр байшин байдаг.
   _____.

2. Энэ байранд олон залуу хос амьдардаг.
   _____.

3. Түүнд өнгө өнгийн олон нүдний шил бий.
   _____.

4. Шөнийн тэнгэрт олон од байдаг.
   _____.

5. Дүүгийн өрөөнд олон чихмэл тоглоом байна.
   _____.

6. Солонгост үндэсний олон компани байдаг.
   _____.

7. Хөргөгчин дотор олон кофе байгаа.
   _____.

8. Цэцэрлэгт олон хүүхэд байдаг.
   _____.

04 다음 중에서 맞는 문장을 선택하세요.

1. ① Энэ хүн бүгд унтаж байна.
   ② Энэ хүн нар бүгд унтаж байна.
   ③ Энэ хүмүүс бүгд унтаж байна.
   ④ Энэ хүнчүүд бүгд унтаж байна.

2. ① Модны навчинууд уналаа.
   ② Модны навчис уналаа.
   ③ Модны навччууд уналаа.
   ④ Модны навч нар уналаа.

주제별 어휘 및 표현

음악의 종류

전통적인 몽골의 음악인 오르팅도(장가), 허미와 함께 다양한 음악의 종류를 알아보면 다음과 같다.

[음악의 종류와 몽골 전통 음악]

음악의 종류	몽골 전통 음악
1. сонгодог хөгжим 클래식	
2. жааз хөгжим 재즈음악	1. ардын дуу 민요
3. поп 팝	2. уртын дуу 장가(長歌)
4. K-поп K-pop	3. богино дуу 단가(短歌)
5. хип хоп 힙합	4. хөөмий 허미
6. рок хөгжим 락 음악	
7. блюз 블루스	

[묻고 답하기 표현]

A. Та ямар төрлийн хөгжим сонсох дуртай вэ?
　당신은 어떤 음악을 듣는 것을 좋아합니까?

B. Би _____ сонсох дуртай. 저는 _____ 듣는 것을 좋아합니다.

허미
목으로 지속적인 베이스음을 만들면서 다른 선율을 소리내어 다양한 화음을 연출하는 몽골의 독특한 가창법이다. 후미는 자연과 몽골족의 조상, 영웅들에 대한 존중과 경배의 마음을 표현하며, 주로 마두금과 함께 연행한다. 몽골의 음악예술과 전통문화를 대표하는 음악예술로 자리잡았다. 2009년 유네스코 무형문화유산에 등재되었다.

Хичээл 18

Солонгос руу илгээмж явуулмаар байна.

한국으로 소포를 보내고 싶어요.

학습 내용

방향격 -руу²/-луу², 인칭대명사의 방향격

본문

Мин Ху	Солонгос руу илгээмж явуулмаар байна.
Туяа	За. Таны илгээмж бэлэн болсон уу?
Мин Ху	Энд байна. Уучлаарай, би хаягаа бичээгүй.
Туяа	Зүгээр. Та надад хаягаа хэлээрэй.
Мин Ху	За, одоохон. Би хаягаа харъя.
Туяа	Би хүлээж байя.

본문해석

민호	한국으로 소포를 보내고 싶어요.
토야	네. 당신의 소포는 준비되었습니까?
민호	여기 있습니다. 죄송합니다, 제가 주소를 적지 않았군요.
토야	괜찮습니다. 당신이 저에게 주소를 말해주십시오.
민호	네, 잠시만요. 제가 주소를 찾아볼게요.
토야	제가 기다리고 있겠습니다.

Солонгос руу 한국으로 **илгээмж** 소포 **явуулах** 보내다 **бэлэн** 준비 **уучлаарай** 죄송합니다
бичих 적다/쓰다 **хэлэх** 말하다 **одоохон** 잠시만/잠깐만 **харах** 보다 **хүлээж байх** 기다리고 있다

핵심문법

01 방향격 руу²/ луу²

- 몽골어 방향격 어미는 명사와 연결하여 그 명사의 방향으로 행위가 진행됨을 나타낸다. 한국어의 '~로'와 대응된다.
- 몽골어 방향격 어미는 '**руу²**'와 '**луу²**' 2가지 형태가 있다.
- 다른 몽골어의 격어미들과는 달리 선행명사와 띄어 쓴다.

1) руу² (руу/рүү)

- 선행명사의 끝이 '**р**'를 제외한 모든 단어에 연결한다.
- 모음조화에 따라 선행명사가 양성단어인 경우 '**руу**', 음성단어인 경우 '**рүү**'를 연결한다.

Монгол руу 몽골로	**сургууль руу** 학교로	**далай руу** 바다로
Сөүл рүү 서울로	**эмнэлэг рүү** 병원으로	**хэн рүү** 누구에게로

Би маргааш Монгол руу явна. 나는 내일 몽골로 간다.
Тэр одоо сургууль руу явж байна. 그는 지금 학교로 가고 있다.
Та хэзээ эмнэлэг рүү явах вэ? 당신은 언제 병원으로 갈 것입니까?
Ээж өрөө рүү орсон. 어머니는 방으로 들어갔다.

2) луу²(луу/лүү)

- 선행명사의 끝이 '**р**'로 끝나는 단어에 연결한다.
- 모음조화에 따라 선행명사가 양성단어인 경우 '**луу**', 음성단어인 경우 '**лүү**'를 연결한다.

Улаанбаатар луу 울란바타르로	**гар луу** 손으로
нар луу 태양으로	**гэр лүү** 집으로
дэлгүүр лүү 가게로	**нөхөр лүү** 남편에게로

Бид Улаанбаатар луу явна. 우리는 울란바타르로 간다.
Тэр гэр лүү харьж байна. 그는 집으로 돌아가고 있다.

핵심문법

Манай эгч нөхөр лүүгээ ярьж байна. 우리 누나는 남편에게로 말하고 있다.

Ажил тараад дэлгүүр лүү явна. 일이 끝나고 가게로 간다.

*참고: 방향격어미 'руу²/лүү²'는 일반재귀어미와 연결하여 'руугаа/рүүгээ/луугаа/лүүгээ'와 같은 형태로 사용하곤 한다.

Нөгөөдөр бид нар Солонгос руугаа явна. 모레 우리는 한국으로 간다.

Тэр гэр лүүгээ явсан. 그는 자택으로 (향해) 갔다.

02 인칭대명사의 방향격

인칭대명사		주격	방향격 (руу², лүү²)	
1인칭	단수	би	над руу	나에게로
	복수	бид бид нар	бидэн рүү бид нар луу	우리에게로
2인칭	단수	чи	чам руу	너에게로
		та	тан руу	당신에게로
	복수	та нар	та нар луу	너희들에게로 당신들에게로
3인칭	단수	энэ	энэ рүү үүн рүү	이 사람에게로
		тэр	тэр лүү түүн рүү	그 사람에게로 저 사람에게로
	복수	эд эд нар	эдэн рүү эд нар луу	이 사람들에게로 이들에게로
		тэд тэд нар	тэдэн рүү тэд нар луу	그/저 사람들에게로 그/저들에게로

A : **Тэр хэн рүү харж байна вэ?** 그는 누구를 바라보고 있습니까?

B : **Тэр над руу харж байна.** 그는 나를 향해 보고 있습니다.

A : **Багш өчигдөр хэн рүү залгасан бэ?** 선생님은 어제 누구에게로 전화걸었습니까?

B : **Багш чам руу залгасан.** 선생님은 너에게로 전화했다.

 핵심회화

01

A : Энэ автобус төв талбай руу явах уу?

이 버스는 중앙 광장으로 가나요?

B : Явахгүй. Та өөр автобусанд суугаарай.

안 가요. 당신은 다른 버스를 타세요.

A : Хэдэн номерын автобусанд суух вэ?

몇 번 버스를 타나요?

B : Та төв талбай руу нэг номерын автобусанд сууж яваарай.

당신은 중앙 광장으로 향하는 1번 버스를 타고 가세요.

02

A : Та миний и-мэйлийг авсан уу?

당신 제 이메일을 받았어요?

B : За, би и-мэйлээ шалгая. Та хэзээ явуулсан бэ?

네, 제가 이메일을 확인해 볼게요. 당신은 언제 보냈어요?

A : Би өчигдөр орой явуулсан.

저는 어제 저녁에 보냈어요.

B : За би харъя. Тэгээд тан руу утсаар хэлье.

네. 제가 찾아볼게요. 그리고 당신에게로 전화를 할게요.

A : Баярлалаа.

감사합니다.

연습문제

01 보기 에서 맞는 의문사를 찾아 문장을 완성하세요.

> 보기   хэн рүү   юу руу   хаашаа

1. Чиний нагац өчигдөр _____ явсан бэ?
   Нагац өчигдөр гол руу явсан.

2. Та _____ явж байна вэ?
   Чам руу очиж байна.

3. Дүү нар _____ яваагүй вэ?
   Дүү нар сургууль руугаа яваагүй.

4. Чи _____ харж байна вэ?
   Би тэнгэр лүү харж байна. Тэнгэрт хурган цагаан үүл байна.

5. Та _____ хэнтэй хамт аялмаар байна вэ?
   Би эхнэртэйгээ Парис руу аялмаар байна.

02 다음 문장에 대한 질문을 만드세요.

1. Бат одоо хорин нэгэн настай.
   _____.

2. Тэр Батыг Мин Хутай танилцуулсан.
   _____.

3. Мин Ху Солонгосоос ирсэн.
   _____.

4. Би найзтайгаа хамт эмнэлэг рүү явсан.
   _____.

5. Тэр цонх руу ойртлоо.
   _____.

6. Би одоо гэр лүү харимаар байна.
   _____.

연습문제

03 보기 의 격을 괄호 안 단어에 맞게 써서 문장을 완성하세요.

> 보기   -д/т   -ийн/-ын   -руу/рүү   -аар⁴   -тай³   -аас⁴

1. (Дүү) _____ хоёр оймс тэнд байна.

2. Маргааш амралтын өдөр хоёулаа (уул)_____ явъя.

3. Батын (ах)_____ би нэг түрийвч авсан.

4. Тэр хоёр малчин манайд (морь)_____ ирсэн.

5. Өнөөдөр орой чи (би)_____ хамт хичээлээ хийгээрэй.

6. Манай (сургууль)_____ номын сан шөнийн (12 цаг) _____ хойш ажилладаггүй.

04 다음 대화를 읽고 질문에 답하세요.

> А : Та хаашаа явсан бэ?
> Б : Би шуудан(1)_____ явсан. Илгээмж явууллаа.
>   Замдаа Дүрслэх урлагийн музей үзлээ.
> А : Тийм үү? Би бас Дүрслэх урлагийн музей үз(2)_____.
> Б : Дараа хоёулаа хамт явъя. Би бас дахиж үз(2)_____.

1. (1)에 들어갈 알맞은 격을 선택하세요.
   ① -д   ② -руу   ③ -тай   ④ -аар

2. (2)에 맞는 종결어미를 고르세요.
   ① -сэн
   ② -нэ
   ③ -мээр байна
   ④ -ж байна

3. 다음 질문에 답하세요.

A. Тэр ганцаараа Дүрслэх урлагийн музей үзсэн үү?
_____.

B. Дараа тэр хэнтэй хамт музей руу явах вэ?
_____.

주제별 어휘 및 표현

악기

[악기와 몽골어 명칭]

악기	몽골 악기
1. хийл 바이올린 2. морин хийл 첼로 3. төгөлдөр хуур 피아노 4. гитар 기타 5. бөмбөр 드럼	1. морин хуур 모링호르(마두금) 2. ятга 야탁(몽골 거문고) 3. шанз 샨즈 4. аман хуур 아망 호르(구금) 5. лимбэ 림베(피리) 6. хэнгэрэг 헹게렉(북)

[묻고 답하기 표현]

A. Та ямар хөгжмийн зэмсэг тоглож сурсан бэ?

당신은 어떤 악기를 배웠습니까?

B. Би төгөлдөр хуур тоглож сурсан.

저는 피아노를 배웠습니다.

마두금

마두금은 몽골의 전통악기로, 머린 호르라고 부르기도 한다. 고대부터 사용되었다고 전한다. 악기는 울림통인 몸체와, 긴 목, 두 줄의 말총으로 만든 현으로 구성되며 전체 길이는 약 1m정도이다. 울림통은 사다리꼴 모양이며, 나무로 제작된다. 머리 부분에는 말머리 모습이 장식되어 있는 점이 특징이다. 악기의 앞면이 정면으로 보이게 위치시키고, 울림통을 연주자의 무릎 사이에 고정시켜 활을 이용해 연주한다. 2008년 UNESCO에 인류무형유산으로 등재 되었다.

Хичээл **19**

Би таны дээл, бүсийг үзэж болох уу?

제가 당신의 델과 허리띠를 봐도 됩니까?

학습 내용

허락/허가의 표현 -ж/-ч болох, 가능의 표현 -ж/-ч чадах

본문

Мин Ху	Би таны дээл, бүсийг үзэж болох уу?
Бат	Болно. Энэ бол монгол дээл бас бүс.
Мин Ху	Их гоё дээл байна. Монгол дээл сонин байна. Би өмсөж болох уу?
Бат	Тэгээрэй. Та дээл өмсөж чадах уу? Дээл бүслэх хэцүү.
Мин Ху	Би сайн мэдэхгүй. Та надад тусалж болох уу?
Бат	Би танд тусалъя.

본문해석

민호	제가 당신의 델, 허리띠를 봐도 됩니까?
바트	됩니다. 이것은 몽골 델과 허리띠입니다.
민호	너무 예쁜 델입니다. 몽골 델은 흥미롭습니다. 제가 입어 봐도 됩니까?
바트	그러세요. 당신은 델을 (직접) 입을 수 있어요? 델은 허리띠를 매기가 어렵습니다.
민호	저는 잘 모르겠습니다. 당신이 저를 도와 줄 수 있습니까?
바트	제가 당신을 돕겠습니다.

дээл 델, 몽골 전통 의복 **бүс** 허리띠 **үзэж болох** 봐도 되다 **гоё** 예쁜 **өмсөж болох** 입어도 되다 **сонирхолтой байх** 흥미롭다/재미있다 **өмсөж чадах** 입을 수 있다 **хэцүү** 어렵다 **тусалж болох** 도와도 되다/도와 줄 수 있다

핵심문법

01 허락, 허가의 표현 -ж/-ч болох

– 동사의 어간에 '**-ж/-ч болох**'를 연결하여 동사의 행위를 해도 되는지에 대한 허락, 허가의 표현을 나타낸다.

– 여기서 동사어간에 '**-ж/-ч**'를 연결하는 방법은 『몽골어1』 13과 현재진행시제에 따른다.

문형	형태	의미
평서형	-ж/-ч болно	~해도 되다
부정형	-ж/-ч болохгүй	~하면 안 된다
의문형	-ж/-ч болох уу?	~해도 됩니까?
부정의문형	-ж/-ч болохгүй юу?	~하면 안됩니까?

A : Одоо явж **болох уу?** 지금 가도 됩니까?
B : Тийм ээ. Одоо явж **болно.** 네. 지금 가도 됩니다.

A : Энд сууж болох уу? 여기에 앉아도 됩니까?
B : Үгүй ээ. Энд сууж болохгүй. 아니요. 여기에 앉으면 안 됩니다.

A : Дараа уулзаж болохгүй юу? 다음에 만나면 안 될까요?
B : Дараа уулзаж болно. 다음에 만나도 됩니다.

02 가능의 표현 -ж/-ч чадах

– 동사의 어간에 '**-ж/-ч чадах**'를 연결하여 동사의 행위가 가능한지에 대한 표현을 나타낸다.

– 여기서도 동사어간에 '**-ж/-ч**'를 연결하는 방법은 『몽골어1』 13과 현재진행시제에 따른다.

핵심문법

문형	형태	의미
평서형	-ж/-ч чадна	~할 수 있다
부정형	-ж/-ч чадахгүй	~할 수 없다 / 못 한다
의문형	-ж/-ч чадах уу	~할 수 있습니까?
부정의문형	-ж/-ч чадахгүй юү	~할 수 없습니까? / 못 합니까?

A : Та машин барьж чадах уу? 당신은 운전할 수 있습니까?

B : Тийм ээ. Би машин барьж чадна. 네. 저는 운전할 수 있습니다.

A : Чи далайд сэлж чадах уу? 너는 바다에서 수영할 수 있니?

B : Үгүй ээ. Би далайд сэлж чадахгүй. 아니. 나는 바다에서 수영 못 해.

A : Та монголоор сайн ярьж чадахгүй юү? 당신은 몽골어로 잘 말할 수 없습니까?

B : Тийм ээ. Би монголоор сайн ярьж чадахгүй. 네. 저는 몽골어로 잘 말할 수 없습니다.

  핵심회화

01

A : Би таны унадаг дугуйг унаж болох уу? 제가 당신의 자전거를 타도 돼요?
B : Миний унадаг дугуй эвдэрсэн. 제 자전거는 고장났어요.
A : Яагаад эвдэрсэн бэ? 왜 고장났어요?
   Би харах уу? 제가 (좀) 볼까요?
B : Та унадаг дугуй засаж чадах уу? 당신은 자전거를 고칠 수 있어요?
A : Би унадаг дугуй бага зэрэг мэднэ ээ. 저는 자전거를 조금(약간) 알아요.

02

A : Та ямар монгол хоол хийж чадах вэ?
   당신은 어떤 몽골 음식을 할 수 있어요?
B : Би цуйван хийж чадна. 저는 초이왕을 할 수 있어요.
A : Та хэнээс сурсан бэ? 당신은 누구에게서 배웠어요?
B : Би өөрөө сурсан. 저는 스스로 배웠어요.
   Юүтүбээс сурсан. 유튜브에서 배웠어요.
A : Мундаг. 대단해요.

― **цуйван**은 몽골 음식 중의 하나이며 볶음면 요리와 비슷하다.

연습문제

01 보기 에서 맞는 단어를 골라 문장을 완성하세요.

> 보기   болно   болохгүй   чадна   чадахгүй

1. Та өнөөдөр явж _____.

2. Тэр англиар ярьж _____.

3. Чи завтай үедээ манайд ирж _____.

4. Би солонгос хоол хийж _____.

5. Энд тамхи татаж _____.

6. Миний ээж сэлж _____.

7. Бид монгол бичгээр бичиж _____.

8. Галт тэргэнд архи ууж _____.

02 2. 다음 문장에 대한 의문문을 만드세요.

1. _____.

   Тэр цанаар гулгаж чадна.

2. _____.

   Би маргааш чамтай уулзаж чадахгүй.

3. _____.

   Бид кафед орж болно.

4. _____.

   Одоо олон хүнтэй газар очиж болохгүй.

5. _____.

   Тэд монголоор сайн ярьж чадна.

6. _____.

   Өрөөнд тамхи татаж болохгүй.

7. _____.

   Үзмэрт гар хүрч болохгүй.

8. _____.

   Та эхлээд явж болно.

03 다음 단어를 올바르게 나열하여 문장을 완성하세요.

1. гадны, орж, энд, хүн, болохгүй

   _____.

2. тэр, кимчи, чадна, хийж, ганцаараа

   _____.

3. Солонгос, онгоцоор, болно, руу, одоо, очиж

   _____.

4. тэнд, сууж, та, болно

   _____.

5. аавын, автобусаар, гэр, эндээс, хүртэл, болно, явж

   _____.

6. Батын, усанд, ах, чаддаггүй, сэлж, сайн

   _____.

04 다음 글을 읽고 질문에 답하세요.

> Амралтын өдөр Бат бид хоёр ууланд гарсан. Тэр өдөр дулаан, тэнгэр цэлмэг байсан.
> Коронавирусын халдвар их байна. Энэ үед гадуур хамаагүй явж _____. Харин ууланд явж болно. Тэнд олон хүн байхгүй.

1. 무엇에 대한 이야기입니까?

   ① Салхинд гарав.   ② Цаг агаар
   ③ Коронавирус   ④ Явж болохгүй.

2. 위 빈칸에 들어갈 수 있는 말을 고르세요.

   ① болно   ② болохгүй
   ③ чадна   ④ чадахгүй

3. 다음 질문에 답하세요.

   Тэр хоёр хэзээ, хаашаа явсан бэ?

   _____

주제별 어휘 및 표현

컴퓨터 용어

자주 사용하는 컴퓨터, 인터넷 관련 용어를 정리하면 다음과 같다.

[컴퓨터 관련 용어]

컴퓨터 용어			
интернет	인터넷	спам	스팸
нүүр хуудас	처음화면 또는 Home	хогийн сав	휴지통
нууц үг	비밀번호	нээх	열기
нэвтрэх	로그인	өөрчлөх	수정
гарах	로그아웃	хадгалах	저장
бүртгэх	(회원) 가입	устгах	삭제
болих	취소	хаах	닫기
хайх	검색	хуулах	복사
тусламж	도움말	хэвлэх	인쇄
и-мэйл	이메일	файл	파일
илгээх	전송	татах	다운로드
хүлээн авагч	수신자	хариулах	답장
гарчиг	제목	дамжуулах	전달
хэвлэх	인쇄	блог	블로그

Хичээл 20

Би өдөр бүр цэцэрлэгт алхаж, дасгал хийсэн.

나는 매일 공원에서 걷고, 운동을 했습니다.

학습 내용

대등연결어미 -ж/-ч, 직후연결어미 -аад⁴

본문

Мин Ху	Та амралтын хугацаанд юу хийсэн бэ?
Ану	Би өдөр бүр цэцэрлэгт алхаж, дасгал хийсэн.
Мин Ху	Тийм үү? Та өдөр бүр алхаад ямар өөрчлөлт гарсан бэ?
Ану	Би зөв алхаж сурсан. Бас эрт унтаж, эрт босож байна.
Мин Ху	Аанхаа. Би бас тийм болмоор байна.
Ану	Би зааж өгье.

본문해석

민호	당신은 방학 기간에 무엇을 했습니까?
아노	나는 매일 공원에서 걷고, 운동을 했습니다.
민호	그래요? 당신은 매일 걸어서 어떤 변화가 생겼습니까?
아노	나는 올바르게 걷는 것을 배웠습니다. 또 일찍 자고, 일찍 일어나게 되었습니다.
민호	네. 저도 그렇게 되고 싶어요.
아노	내가 가르쳐 줄게.

амралт 방학/휴가 **хугацаанд** 기간에 **өдөр бүр** 매일/날마다 **цэцэрлэг** 공원 **өөрчлөлт** 변화 **гарах** 나오다/생기다 **зөв** 올바른 **сурах** 배우다 **эрт** 일찍 **унтах** 자다 **босох** 일어나다 **тийм болох** 그렇게 되다 **зааж өгөх** 가르쳐 주다

핵심문법

01 대등연결어미 -ж/-ч

- 동사어간에 '-ж/-ч'을 연결하여 앞 뒤 문장의 행위가 동시에 일어나거나, 시간 순서에 따라 순차적으로 일어남을 나타낸다. 한국어 '~고'와 대응된다.
- 여기서 동사어간에 '-ж/-ч'를 연결하는 방법은 『몽골어1』 13과 현재진행시제에 따른다.

1) 두 문장의 행위가 대등하게 동시에 일어나는 경우

Би хөгжим сонссон. Эгч хичээлээ хийсэн.

나는 음악을 들었다. 누나는 공부를 했다.

Би хөгжим сонсож, эгч хичээлээ хийсэн.

나는 음악을 들었고, 누나는 공부를 했다.

Ээж хоолоо хийсэн. Аав гэрээ цэвэрлэсэн.

어머니는 음식을 하셨다. 아버지는 청소를 하셨다.

Ээж хоолоо хийж, аав гэрээ цэвэрлэсэн.

어머니는 음식을 하시고, 아버지는 청소를 하셨다.

2) 두 문장의 행위가 순차적으로 일어나는 경우

Өнөөдөр цас орсон. Өнөөдөр бороо орсон.

오늘 눈이 왔다. 오늘 비가 왔다.

Өнөөдөр цас орж, бороо орсон.

오늘 눈이 오고, 비가 왔다.

Ээж боссон. Ээж гал түлсэн. Ээж цай чанасан.

어머니는 일어났다. 어머니는 불을 지폈다. 어머니는 차를 끓였다.

Ээж босож, гал түлж, цай чанасан.

어머니는 일어나서, 불을 지피고, 차를 끓였다.

핵심문법

02 직후 연결어미 -аад⁴

– 동사어간에 '**-аад⁴** (**-аад/-оод/-өөд/-ээд**)'을 연결하여 앞 문장의 행위가 끝나고 그 다음 문장의 행위가 일어남을 나타낸다. 한국어 '〜고(난 후에)', '〜아서/〜어서'와 대응된다.

Бороо орсон. Тэр явж чадаагүй.

비가 왔다. 그는 가지 못했다.

Бороо ороод тэр явж чадаагүй.

그는 비가 와서 가지 못했다.

Би өвдсөн. Би сургуульдаа явж чадаагүй.

나는 아팠다. 나는 학교에 못 갔다.

Би өвдөөд сургуульдаа явж чадаагүй.

나는 아파서 학교에 못 갔다.

Дүү хоол идсэн. Дүү шүдээ угаасан.

동생은 밥을 먹었다. 동생은 이를 닦았다.

Дүү хоол идээд шүдээ угаасан.

동생은 밥을 먹고(나서) 이를 닦았다.

 **핵심회화**

01

A : Та ажил дуусаад амарч байна уу?

당신은 일을 마치고나서 쉬고 있나요?

B : Тийм ээ. Би гэртээ амарч байна.

네. 저는 집에서 쉬고 있어요.

A : Юу хийж амарч байна вэ?

무엇을 하며 쉬고 있어요?

B : Гэртээ сонирхолтой кино үзэж, амттай хоол идэж байна.

집에서 재미있는 영화를 보고, 맛있는 음식을 먹고 있어요.

02

A : Би өнөөдөр олон ажил хийсэн.

저는 오늘 많은 일을 했어요.

B : Ямар ажил хийсэн бэ?

어떤 일을 했어요?

A : Гэр цэвэрлэж, тоос арчиж, машин угаасан.

집을 청소하고, 먼지를 닦고, 세차를 했어요.

B : Олон ажил хийгээд ядарч байна уу?

많은 일을 해서 피곤하지요?

A : Жаахан ядарч байна.

조금 피곤하네요.

Хичээл 20 Би өдөр бүр цэцэрлэгт алхаж, дасгал хийсэн.

연습문제

01 보기 에서 맞는 연결어미를 골라 문장을 완성하세요.

> 보기   -ж/-ч   -аад⁴

1. Аав зурагт үз_____, ээж хоол хийв.

2. Тэр англиар ярь_____ үргэлжлээд солонгосоор ярьсан.

3. Чи завтай үедээ манайд ир_____ надтай хамт шатар тоглоорой.

4. Би хоолоо ид _____ шүдээ угаасан.

5. Багш даалгавар өг_____ бид бичлээ.

6. Мин Ху утсаар ээжтэйгээ ярьчих_____ хичээлээ хийлээ.

7. Бид эхлээд монгол бичгээр бич _____ дараа нь уншлаа.

02 다음 두 문장을 〈-ж/-ч, -аад⁴〉연결어미를 활용해서 한 문장으로 만드세요.

1. Ээж хоол хийв. Би гэрээ цэвэрлэв.

   _____ .

2. Чиний гар утас байхгүй юу?

   _____ .

3. Өвөө унтаж байна. Эмээ найзтайгаа ярьж байна.

   _____ .

4. Бат манайд эрт ирлээ. Бат орой явлаа.

   _____ .

5. Маргааш тэд хотод ирнэ. Тэгээд тэд тусгаарлана.

   _____ .

6. Мин Ху дуу дуулна. Сү Жи төгөлдөр хуур тоглоно.

   _____ .

 연습문제

03 다음 문장을 두 문장으로 나누어 쓰세요.

1. Авга ах зурагт үзэж, дүү нар компьютер тоглов.

   _____.

2. Багш надад номоо өгч, би түүнийг авлаа.

   _____.

3. Бид үдийн хоолоо идээд, нуур тойрч алхдаг.

   _____.

4. Анчид нохойгоо дагуулаад, морьтойгоо уул өөд гарав.

   _____.

5. Уудам талыг цас хучаад хүйтэн өвөл эхлэв.

   _____.

04 다음 문장을 몽골어로 쓰세요.

1. 아이들은 놀이터에서 놀고 어르신들이 장기를 두고 계신다.

   _____.

2. 가볍게 먹고 나서 연극을 보았다.

   _____.

3. 나는 학교에서 돌아와서 집에서 밥을 먹었다.

   _____.

4. 오늘 우리는 읽고 쓰고 또한 외웠다.

   _____.

5. 코로나 검사를 받고 집에 갔다.

   _____.

주제별 어휘 및 표현

몽골어 약어

몽골어에는 국명, 공공기관, 학교, 회사 등의 명칭을 해당 단어의 음절 첫 음운을 따서 간략하게 표기하기도 한다.

약어	몽골어	의미
АУИС	Анагаах Ухааны Их Сургууль	의과대학교
АЗЗ	Авто Засварын Завод	자동차 정비공장
АНУ	Америкийн Нэгдсэн Улс	미국
БНСУ	Бүгд Найрамдах Солонгос Улс	대한민국
БНАСАУ	Бүгд Найрамдах Ардчилсан Солонгос Ард Улс	조선민주주의 인민공화국
БНХАУ	Бүгд Найрамдах Хятад Ард Улс	중국
ГИБМА	Гадаадын Иргэний Бүртгэл Мэдээлийн Алба	외국인등록정보처
г. м.	гэх мэт	기타 등등
л	литр	리터
ЗЦГ	Замын Цагдаагийн Газар	교통경찰국
ИБМУТ	Иргэний Бүртгэл Мэдээллийн Улсын Төв	주민등록정보센터
ЗГ	Засгийн Газар	정부
МИАТ	Монголын Иргэний Агаарын Тээвэр	몽골항공
МТЗ	Монголын Төмөр Зам	몽골철도
МУИС	Монгол Улсын Их Сургууль	몽골국립대학교
МЦХ	Монголын Цахилгаан Холбоо	몽골전기통신
МҮТ	Монголын Үндэсний Телевиз	몽골방송
нябо	нягтлан бодогч	회계사
СУ	Соёл Урлагийн Их Сургууль	예술대학교
ЭСЯ	Элчин Сайдын Яам	대사관
УБ	Улаанбаатар	울란바타르
УИД	Улсын Их Дэлгүүр	국영백화점
УИХ	Улсын Их Хурал	국회
ХК	Хувьцаат Компани	주식회사
ХХК	Хязгаарлагдмал Хариуцлагатай Компани	유한책임회사

Хичээл 21

Ажил эрт дуусвал таван цагт уулзъя.

일이 일찍 끝나면 5시에 만납시다.

학습 내용

조건연결어미 -бал⁴/-вал⁴/бол, 양보연결어미 -вч

 본문

Мин Ху	Маргааш тантай уулзаж болох уу?
Ану	Болох байх аа. Ажил эрт дуусвал таван цагт уулзъя.
Мин Ху	За. Таны ажил эрт дуусвал хоёулаа хамт монгол хэлний хичээл хийе.
Ану	Тэгье. Чи шалгалтандаа сайн бэлдэж байна уу?
Мин Ху	Би шалгалтандаа сайн бэлдэвч санаснаар болохгүй байна.
Ану	Зүгээр ээ. Чи чадна.

본문해석

민호	내일 당신을 만나도 될까요?
아노	(시간) 될 것 같아. 일이 일찍 끝나면 5시에 만나자.
민호	네. 당신의 일이 일찍 끝나면 (우리) 둘이서 같이 몽골어 공부를 해요.
아노	그러자. 너는 시험 준비를 잘 하고 있니?
민호	저는 시험 준비를 잘(열심히) 하고 있지만 생각하는 대로 (생각처럼) 안 되네요.
아노	괜찮아. 너는 할 수 있어

хэдэн цагт 몇 시에 **дуусах** 끝나다 **таван цагт** 5시에 **уулзах** 만나다 **шалгалт** 시험 **бэлдэх** 준비하다 **санах** 생각하다

핵심문법

01 조건연결어미 -вал⁴/-бал⁴

– 동사어간에 '**-вал⁴/-бал⁴**'을 연결하여 앞 문장의 행위가 일어남을 조건으로 하거나, 가정할 때 사용한다. 한국어 '~(으)면'과 대응된다.

– 몽골어 조건연결어미는 주로 문어체에서 사용한다.

1) -вал⁴(-вал/-вол/-вөл/-вэл)

조건연결어미	구분	예
-вал⁴	동사어간이 모음 또는 '-в, -л, -м' 이외의 자음으로 끝나는 경우	гарах – гар**вал** 나가면
		орох – ор**вол** 들어오면
		төгсөх – төгс**вөл** 졸업하면
		ирэх – ир**вэл** 오면
		амьдрах – амьдар**вал** 살면

Маргааш зав гарвал оройн хоол хамт идье.
내일 시간이 나면 저녁식사를 같이 하자.

Цас их орвол найз чинь хөдөө явж чадахгүй.
눈이 많이 내리면 네 친구는 시골에 갈 수 없다.

Сургуулиа онц төгсвөл ажил олох амархан.
학교를 수석으로 졸업하면 일을 구하기 쉽다.

Чамайг манайд ирвэл монгол хоол хийж өгнө.
네가 우리집에 오면 몽골 음식을 해 줄게.

Надтай хамт Солонгост амьдарвал солонгос хэл сайн сурч чадна.
나랑 함께 한국에 살면 한국어를 잘 배울 수 있다.

핵심문법

2) -бал⁴(-бал/-бол/-бөл/-бэл)

조건연결어미	구분	예	
-бал⁴	동사어간이 '-в, -л, -м'으로 끝나는 경우	явах – яв**бал**	가면
		олох – ол**бол**	찾으면
		нэмэх – нэм**бэл**	더하면

Зөв санаж явбал **ажил үйлс аяндаа бүтнэ.**
긍정적으로 생각한다면 만사가 저절로 이루어 진다.

Би чиний утсыг олбол **шуудангаар илгээнэ.**
내가 네 전화를 찾으면 우편으로 보낼께.

Нэг дээр нэгийг нэмбэл **хоёр болно.** 1에 1을 더하면 2가 된다.

*참고: 접속사 **бол**

조건의 기능을 하는 접속사 '**бол**'도 있다.

Түргэн явахгүй бол **болохгүй, хоцорно.** 빨리 가지 않으면 안된다, 늦을 거야.

Далай руу явах бол **хэлээрэй. Хамт явцгаая.** 바다로 갈려면 말하세요. 같이 갑시다.

Би баян бол **ядуу хүүхдүүдэд тусална.** 내가 부자라면 가난한 아이들에게 도움을 줄 것이다.

02 양보연결어미 -вч

- 동사어간에 '**-вч**'을 연결하여 이전 행위와 다음 행위가 서로 상반되게 행하여 진다는 의미를 나타낸다. 한국어 '~**지만**'과 대응된다.

- 양보 연결어미 '**-вч**'는 주로 문어체에 사용한다.

- 어간이 자음으로 끝나는 경우 모음조화에 따라 모음을 추가해 연결한다.

Хурдан харихыг хүсэвч **галт тэрэг ирдэггүй.** 빨리 돌아가길 원했지만 기차가 오지 않는다.

Бороо орсон боловч **ган тайлагдаагүй.** 비가 왔지만 가뭄이 해소되지 않았다.

Түүнд мөнгө байвч **хэрэглэж мэддэггүй.** 그에게는 돈이 있지만 사용할 줄 모른다.

 **핵심회화**

01

A : Та гадаа ирвэл надад мессеж бичээрэй.

당신이 밖에 오면 (도착하면) 저에게 문자를 주세요.

B : За. Та бас эрт дуусвал надад мессэж бичээрэй.

네. 당신도 일찍 끝나면 저에게 문자를 주세요.

A : Тэгье. Би танд утасны дугаар өгсөн үү?

그럴게요. 제가 당신에게 전화 번호를 드렸지요?

B : Өгсөн. Надад таны утасны дугаар байна.

주셨어요. 저에게 당신의 전화 번호가 있어요.

02

A : Хурдан гүймээр байвч сайн болохгүй байна.

빨리 뛰고 싶어도 잘 안 되네요.

B : Та бие халаалтын дасгал хийсэн үү?

당신은 몸 풀기 운동을 했나요?

A : Таван минут хийсэн.

5분 동안 했어요.

B : За. Та арван таван минут бие халаалтын дасгал хийвэл сайн.

네. (당신이) 15분 몸 풀기 운동을 하면 좋아요. (좋을 것 같아요)

A : За, ойлголоо.

네. 알겠어요.

연습문제

01 조건연결어미 ⟨-бал⁴ / вал⁴⟩를 활용하여 다음 문장을 완성하세요.

1. Спортоор хичээллэ_____ эрүүл мэндэд тустай.
2. Эм уу_____ хурдан эдгэнэ.
3. Та ир_____ би их баярлана.
4. Чамайг очихгүй _____ би бас очихгүй.
5. Өнөөдөр хүйтэн бай_____ гарч алхахгүй.
6. Корона тус_____ тусгаарлах хэрэгтэй.
7. Хүйтэр_____ дулаан хувцсаа өмсөөрэй.
8. Бээлий ав_____ надад бас нэгийг аваарай.

02 양보연결어미 ⟨-вч⟩를 활용하여 문장을 완성하세요.

Заримдаа гүймээр бай_____ залхуу хүрдэг.

Уймаар бодогд_____ тэр дусал нулимс ч гаргасангүй.

Хүн бүр баяжихыг хүс_____ санаснаар болдоггүй.

Өнөөдөр нартай бол_____ хүйтэн байна.

Өдөр шөнөгүй хүлээ_____ тэр ирсэнгүй.

Явахыг хүс_____ явж чадахгүй.

03 다음 중 맞는 어미를 선택해서 문장을 완성하세요.

> **보기** -вч   -вал⁴/ -бал⁴/ бол

1. Тэнгэр дулаар_____ бид цанын бааз явмаар байна.

2. Би гитар сайн тоглодог боло_____ хийл хөгжим тоглодоггүй.

3. Би түүнийг ирэхгүй _____ өнөөдөр зах явна.

4. Танд зав бай_____ надад туслаарай.

5. Хэрэв таныг зөвшөөр_____ би явъя.

6. Би түрүүлээд оч_____ чамайг хүлээж байя.

Хичээл 21 Ажил эрт дуусвал таван цагт уулзъя.

연습문제

04 다음 내용을 읽고 아래의 질문의 답을 쓰세요.

> Өчигдөр хүйтэн боловч нартай байсан. Өнөөдөр бүрхэг, хүйтэн салхитай байна. Дулаан хувцас өмсөөрэй. Даар_____ ханиад хүрнэ.

1. 빈자리에 맞는 연결어미를 쓰세요.
   ① -вч　　② -вал　　③ -бал　　④ бол

2. 무엇에 대한 이야기입니까?
   ① Өчигдрийн цаг агаар
   ② Өнөөдрийн цаг агаар
   ③ Ханиаднаас болгоомжил.
   ④ Дулаан хувцас

주제별 어휘 및 표현

교통 및 교통수단

영토가 넓어 이동 거리가 큰 몽골은 다소 교통시스템이 열악한 편이다. 원만한 교통생활을 위하여 교통수단 및 교통시설에 대한 기본 지식들을 잘 익혀야 한다. 특히, 택시나 버스 정류장, 기차역, 터미널 등 대중교통생활과 관계된 용어와 표현들은 필수적이라고 할 수 있다. 여기서는 몽골의 주요 교통수단과 관련된 어휘 표현을 소개하기로 한다.

교통수단	교통시설
такси 택시 автомашин 자동차 автобус 버스 ачааны машин 화물차 нисэх онгоц 비행기 метро 지하철 нисдэг тэрэг 헬리콥터 усан онгоц 배 бага оврын нисэх онгоц 경비행기 мотоцикл 오토바이 мотороллер 스쿠터 унадаг дугуй 자전거	зам тээвэр 교통 тээврийн товчоо 터미널 автобусны зогсоол 버스정류장 автобусны буудал 버스정류장 галт тэрэгний буудал 기차역 вокзал 기차역 шатахуун түгээх газар 주유소 бензин колонк 주유소 бензин 휘발유 дизел 경유 гүүрэн зам 고가도로 газар доогуурх зам 지하도로 гарц 횡단보도 уулзвар 교차로 хурдны зам 고속도로 шороон зам 비포장도로

[주요 표현]

ийшээ 이쪽으로.

зүүн гар тийшээ 왼쪽으로(좌회전).

баруун гар тийшээ 오른쪽으로(우회전).

чигээрээ 가는 방향으로 곧바로(직진).

буцаж эргээрэй 되돌아 회전하세요. (유턴하세요)

ухраарай 후진하세요.

зогсоорой 멈추세요.

зүүн гар тийшээ

баруун гар тийшээ

чигээрээ

буцаж эргээрэй

ухраарай

зогсоорой

Тэмдэглэл

Хичээл 22

Энэ тасалбар хэнийх вэ?

이 표는 누구의 것입니까?

학습 내용

2인칭 종결어미 -аач⁴, 소유격에 연결하는 접사 -х, -хан, -д

 **본문**

Ану	Энэ тасалбар хэнийх вэ?
Бат	Мин Ху-гийнх.
Ану	Хөл бөмбөгийн тэмцээний тасалбар байна. Энэ тэмцээнд танайхан бүгд ирэх үү?
Бат	Тийм ээ, хөл бөмбөгийн тэмцээний тасалбар. Манай багийнхан бүгд ирнэ.
Ану	Тэмцээний дараа хэнийд очиж хоол идэх вэ?
Бат	Өнөөдөр Мин Ху-гийнд очиж хоол иднэ. Түүний ээж хоол бэлдэнэ.
Ану	Тийм үү? Та нар өөрсдөө хоолоо бэлдээч.
Бат	Харин тийм ээ. Гэхдээ бид нар хоол сайн хийж чадахгүй.

본문해석

아노	이 표는 누구의 것이니?
바트	민호의 것입니다.
아노	축구경기 표네. 이번 경기에 너네 팀원들은 모두 올 거니?
바트	네, 축구경기 표입니다. 우리 팀원들이 모두 올 것입니다.
아노	경기 후에 누구네 집에 가서 밥을 먹을 거야?
바트	오늘 민호네 집에 가서 밥을 먹을 것입니다. 그의 어머님이 음식을 준비하실 것입니다.
아노	그래? 너희들이 직접 음식을 하지. (하지 그래)
바트	그러게 말이요. 그런데 우리는 음식을 잘 하지 못해요.

тасалбар 표/입장권/티켓 **хэнийх** 누구의 것 **хөл бөмбөг** 축구 **тэмцээн** 경기 **баг** 팀 **бүгд** 모두/전부/다 **дараа** 후 **очих** 도착하다/찾아가다 **хоол** 밥/식사/음식/요리 **идэх** 먹다 **бэлдэх** 준비하다

핵심문법

01   2인칭 종결어미 -аач⁴(-аач/-ооч/-өөч/-ээч)

- 동사어간에 2인칭 종결어미 '-аач⁴'를 연결하여 청자인 2인칭에 대한 요구, 지시의 의미를 나타낸다.

- 『몽골어1』 12과에서 살펴 보았던 2인칭 종결어미 '-аарай⁴'보다는 요구와 지시의 의미가 조금 더 강하다.

2인칭 종결어미	동사 원형	동사 어간	예
-аач	явах 가다	яв-	яваач 가시오 / 가라
-ооч	босох 일어나다	бос-	босооч 일어나시오 / 일어나라
-өөч	өгөх 주다	өг-	өгөөч 주시오 / 줘라
-ээч	цэвэрлэх 청소하다	цэвэрл-	цэвэрлээч 청소하시오 / 청소해라

Одоо яваач. 지금 가시오.

Хурдан босооч. 빨리 일어나시오.

Маргааш өгөөч. 내일 주시오.

Гэрээ цэвэрлээч. 집 청소하시오.

*참고 : 가장 강한 요구와 지시의 의미로 동사의 명령형이 있다. 동사의 명령형은 동사의 어간만을 사용한다.

| явах – яв 가 | орох – ор 들어가 | өгөх – өг 줘 | идэх – ид 먹어 |
| ирэх – ир 와 | суух – суу 앉아 | босох – бос 일어나 | унтах – унт 자 |

Хурдан яв! 빨리 가! **Хурдан ор!** 빨리 들어가!
Хурдан өг! 빨리 줘! **Хурдан ид!** 빨리 먹어!
Хурдан ир! 빨리 와! **Хурдан суу!** 빨리 앉아!
Хурдан бос! 빨리 일어나! **Хурдан унт!** 빨리 자!

핵심문법

02 **소유격에 연결하는 접사 -x, -хан, -д**

1) 소유격 + -x

– 소유격에 연결하는 접사 '**-x**'는 2가지 의미로 사용된다.

① 소유격 단어에 소속되거나 소유된다는 의미

A : **Тэр цүнх хэний**x **вэ?** 그 가방은 누구의 것입니까?
B : **Тэр цүнх миний**x. 그 가방은 내 것입니다.

A : **Энэ харандаа чиний**x **үү?** 이 연필은 네 것이니?
B : **Үгүй ээ. Энэ миний**x **биш миний дүүгийн**x.
아니오. 이것은 내 것이 아니고 내 동생 것입니다.

② 소유격 단어의 가족이나 구성원을 의미

A : **Танай**x **ямар хотод байдаг вэ?** 당신 가족은 어떤 도시에 있습니까?
B : **Манай**x **Сөүл хотод байдаг.** 우리 가족은 서울시에 있습니다.

A : **Энэ хүн танай нутгийн**x **уу?** 이 사람은 당신 고향사람입니까?
B : **Үгүй ээ. Энэ хүн манай нутгийн**x **биш.**
아니오. 이 사람은 우리 고향사람이 아닙니다.

2) 소유격 + -хан

– 소유격 '**-хан**'을 연결하여 소유격 단어가 속하는 구성원들을 나타낸다.

манайхан 우리가족   **ажлын**хан 직장동료들
ангийнхан 같은 반 사람들   **говийн**хон 고비사람들
хотынхон 도시인들   **нутгийн**хан 고향사람들

Манай гэр бүл говийнхонд дуртай.

우리 가족은 고비사람들을 좋아한다.

Манай ангийнхан энэ улиралд дадлага хийнэ.

우리반 사람들은 이번 학기에 실습을 한다.

Хотынхон маш завгүй байдаг.

도시인들은 매우 바쁘다.

Нутгийнхнаас гурван хүн ирсэн байна.

고향사람들 중에서 세 명이 와 있다.

3) 소유격 + -д

– 소유격에 '-**д**'를 연결하여 소유격 단어가 속하는 '**집에**' 라는 의미를 나타낸다.

манайд   우리 집에   **танайд**   당신 집에

ахынд   형네 집에   **аавынд**   아버지 집에

Та нар манайд ирээрэй.

당신들 우리 집에 오세요.

Маргааш танайд очиж болох уу?

내일 당신네 집에 가도 될까요?

Ахынд найзууд нь иржээ.

형네 집에 (그의) 친구들이 왔다.

Бид амралтын өдрөөр аавынд очих дуртай.

우리는 휴일에 아버지 집에 가는 걸 좋아한다.

 **핵심회화**

01

A : Энэ машин хэнийх вэ? 이 자동차는 누구의 것인가요?
B : Миний найзынх. 내 친구의 것이에요. (차에요)
A : Аан за. Энд машин зогсож болохгүй. 네. 여기에 자동차를 세우면 안 돼요.
　　Та найздаа хэлээрэй. 당신의 친구한테 말해 주세요.
B : Уучлаарай. 죄송해요.
　　Би одоо утсаар хэлье. 제가 지금 바로 전화할게요.

02

A : Танайхан сайн уу? 당신의 가족은 안녕하시지요?
　　Бүгд ажлаа хийж байна уу? 모두 (각자의) 일들 (잘) 하고 계세요?
B : Манайхан сайн. 우리 가족은 잘 있어요.
　　Бүгд ажлаа хийж байна. 모두 (각자의) 일을 (잘) 하고 있어요.
A : За. Ойрд уулзсангүй. 네. 최근에 못 만났네요.
　　Бүгдэд миний мэндийг дамжуулаарай.

(가족) 모두에게 제 안부를 전해주세요.

B : За тэгье. 네. 그럴게요.
　　Би таны мэндийг дамжуулъя. 제가 당신의 안부를 전할게요.

 연습문제

01 괄호 안 단어를 이용하여 질문에 답하세요.

> 보기
> - Тэр хэний сурах бичиг вэ?(Бат)
> - Батынх.

1. Тэр шүдний сойз хэнийх вэ? (авга ах)

   _____ .

2. Улаанбаатар ямар улсын нийслэл вэ? (Монгол Улс)

   _____ .

3. Тэр цүнх хэний цүнх вэ? (би)

   _____ .

4. Тэр залуу аль ангийн оюутан бэ? (манай анги)

   _____ .

5. Энэ сонин хэднийх вэ? (12 сарын 2)

   _____ .

연습문제

02 다음 중 맞는 어미를 선택해서 문장을 완성하세요.

> **보기** -ынх -ийнх -ынхан -ынхон -ийнхэн -ийнхөн

1. Туяа_____ хотын төвд байдаг.

2. Тэд_____ манайхаас холгүй.

3. Манай гэр_____ таныг хүлээж байна.

4. Энэ сургууль_____ удахгүй баяраа хийнэ.

5. Тэр чиний цамц биш, Бат_____ .

6. Болд_____ хөдөө амьдардаг.

03 다음 문장을 한국어로 해석하세요.

1. Манай ажлынхан өнөөдөр оройн хоол хамт иднэ.

   _____ .

2. Батынхан бүгд цугларчээ.

   _____ .

3. Та энэ алимыг гэрийнхэндээ өгөөрэй.

   _____ .

4. Танай ангийнхан нэгдүгээр давхарт байна.

   _____ .

5. Ахынхан өнөөдөр галт тэргээр аялалд явлаа.

   _____ .

04 다음 동사에 2인칭종결어미 ⟨-аач⁴⟩를 연결하여 문장을 완성하세요.

1. Та хурдан ир_____ .

2. Чи энэ гутлыг өмс_____ Чамд яг таарна.

3. Илүү алчуур байвал надад өг_____ .

4. Сандал битгий тавь_____. Зайгүй байна.

5. Та нар ангидаа ор_____ .

6. Тамхи битгий тат_____ .

7. Зурагт битгий их үз_____ .

주제별 어휘 및 표현

동물

몽골 유목민은 전통적으로 오축(таван хушуу мал)이라는 다섯가지 가축을 중심으로 목축을 하여 왔다. 몽골은 이러한 가축과 동물에 대한 깊은 인식이 특징적인 독특한 문화를 가지고 있다. 여기서는 관련 설화와 함께 주요 어휘들을 살펴보기로 한다.

동물 이름	열두띠 동물
• **нохой** 개 • **муур** 고양이 • **туулай** 토끼 • **арслан** 사자 • **чоно** 늑대 • **үнэг** 여우 • **буга** 사슴 • **баавгай** 곰 • **заан** 코끼리 • **эрээн тахь** 얼룩말 • **анааш** 기린 • **сармагчин** 원숭이 • **матар** 악어 • **тарвага** 타르박, 마못 • **панда** 팬더	1. **хулгана** 쥐 2. **үхэр** 소 3. **бар** 호랑이 4. **туулай** 토끼 5. **луу** 용 6. **могой** 뱀 7. **морь** 말 8. **хонь** 양 9. **мич** 원숭이 10. **тахиа** 닭 11. **нохой** 개 12. **гахай** 돼지 **12 жил**

몽골 오축

1. **хонь** 양 / **хурга** 새끼양 / **хуц** 수컷씨양(종양) / **ирэг** 거세양 / **эм хонь** 어미양
2. **ямаа** 염소 / **ишиг** 새끼염소 / **ухна** 수컷씨염소 / **сэрх** 거세한 염소 / **эм ямаа** 어미염소
3. **үхэр** 소 / **тугал** 송아지 / **бух** 수컷씨소(종우) / **шар** 거세한 소 / **үнээ** 암소
4. **адуу** 말 / **унага** 망아지 / **азарга** 수컷씨말(종마) / **морь, агт** 거세마 / **гүү** 암말
5. **тэмээ** 낙타 / **ботго** 새끼낙타 / **буур** 수컷씨낙타 / **ат** 거세한 낙타 / **ингэ** 암낙타

бод мал 큰 가축(대축)　　**бог мал** 작은 가축(소축)

[동물 관련 표현]

A. **Чи ямар амьтнаас айдаг вэ?** 너는 어떤 동물을 무서워하니?

B. **Би могойноос үхтлээ айдаг.** 저는 뱀이 죽도록 무서워요.

Тэмдэглэл

Хичээл 23

Үүнийг ааруул гэдэг.
이것을 아롤이라고 합니다.

학습 내용

인용동사 гэх 의 표현, 추측의 표현 байх

Мин Ху	Үүнийг юу гэдэг вэ?
Ану	Үүнийг ааруул гэдэг. Цагаан идээ ч гэдэг. Сүүгээр хийдэг.
Мин Ху	Ааруул ямар амттай вэ? Чихэрлэг үү?
Ану	Ааруул янз бүрийн амттай. Чихэрлэг, исгэлэн зэрэг янз бүрийн амттай.
Мин Ху	Та ааруулд дуртай юу?
Ану	Би ааруулд их дуртай. Манай ээжийн ааруул гоё амттай.
Мин Ху	Та ааруул хийж чадах уу?
Ану	Би хийж үзээгүй. Гэхдээ ээжтэй хамт хийвэл чадах байх.

본문해석

민호	이것을 뭐라고 합니까?
아노	이것을 아롤이라고 해요. 차강 이데라고도 해요. 우유로 만들어요.
민호	아롤은 어떤 맛입니까? 단맛입니까?
아노	아롤은 다양한 맛이 있어요. 단맛, 신맛 등 다양한 맛이 있어요.
민호	당신은 아롤을 좋아합니까?
아노	나는 아롤을 아주 좋아해요. 우리 어머니의 아롤이 아주 맛있어요.
민호	당신은 아롤을 만들 수 있어요?
아노	나는 해 보지 않았어요. 그런데 어머니와 함께 하면 할 수 있을 거예요.

гэх 이라고 하다　**ааруул** 아롤/유제품　**цагаан идээ** 차강 이데/흰 음식/유제품　**ч** 도　**сүү** 우유
хийх 만들다/하다　**амт** 맛　**янз бүрийн амт** 각종의 맛/다양한 맛　**чихэрлэг** 단(맛)　**исгэлэн** 신(맛)

핵심문법

01 인용동사 гэх 의 표현

- 'гэх' 동사는 '~(라)고 한다/말하다'라는 뜻으로 어떤 문장을 직접 또는 간접적으로 인용할 때 사용한다.

① 'гэх' 동사는 'гэдэг', 'гэж байна', 'гэнэ', 'гэсэн' 처럼 동사 자체에 시제종결어미를 연결하여 사용 한다.

Намайг Ану гэдэг.   나를 아노라고 합니다. (내 이름은 아노입니다.)

Энд тамхи татаж болохгүй гэж байна.   여기서 담배 피면 안된다고 한다.

Энэ семестр арван хоёр сарын хоринд хаана гэнэ.
이번 학기는 12월20일에 끝난다고 한다.

Энэ долоо хоног их халнa гэсэн.   이번 주는 매우 덥다고 했다.

*참고 : -х гэсэн юм

'-х гэсэн юм'은 주로 1인칭 화자의 의도나 결심을 표현하며 '~하려고 한다'라는 의미를 나타낸다.

Би хоолоо идэх гэсэн юм. 나는 밥을 먹으려고 한다.
Би ном унших гэсэн юм. 나는 책을 읽으려고 한다.
Би автобусаар очих гэсэн юм. 나는 버스로 가려고 한다.

② 'гэх' 동사는 대등연결어미를 연결한 형태인 'гэж'를 'хэлэх(말하다)', 'ярих(말하다)', 'сонсох(듣다)' 등의 동사와 함께 사용하기도 한다.

Багш надад "Сайн сураарай!" гэж хэлсэн.
선생님께서는 나에게 "열심히 공부해!"라고 하셨다.

Тэр өвдсөн болохоор хичээлдээ ирж чадахгүй гэж ярьсан.
그는 아파서 수업에 올 수 없다고 말했다.

Би дүүгээс маргааш бороо орно гэж сонссон.
나는 동생에게서 내일 비가 온다고 들었다.

핵심문법

02 추측의 표현 байх

– '**байх**' 는 문장의 끝에 오고 '**~일 것 같다**'는 추측의 의미를 표현한다.

① 미래에 대한 추측을 할 때는 '**байх**' 앞에 동사의 미래시제형이 온다.

Энэ зун бороо хур их орох байх. 올 여름은 비가 많이 내릴 것 같다.

Маргааш хүйтэн өдөр болох байх. 내일은 추운날이 될 것 같다.

Мүн Жэ Ин дарга Солонгосын ерөнхийлөгчөөр сонгогдох байх.
문재인 대표가 한국의 대통령으로 선택될(당선될) 것 같다.

Манай улсын тамирчин ялах байх. 우리 나라의 선수가 이길 것 같다.

② 현재진행을 추측할 때는 '**байх**' 앞에 '**-ж/-ч байгаа**'가 온다.

Бат онгоцоор нисээд гурван цаг болж байна. Монголд очиж байгаа байх. 바트는 비행기로 떠난지 3시간이 되고 있다. 몽골에 도착하고 있을 것 같다.

Ах Америкт байна. Тэр одоо өдрийн хоолоо идэж байгаа байх.
형은 미국에 있다. 그는 지금 점심을 먹고 있을 것 같다.

Миний найз охин одоо над руу захиа бичиж байгаа байх.
내 여자친구는 지금 내게로 편지를 쓰고 있을 것 같다.

③ 과거시제를 추측할 때는 '**байх**' 앞에 동사의 과거시제 '**-сан**[4]'이 온다.

Оюутнууд шалгалтаа сайн өгсөн байх. (대)학생들이 시험을 잘 본 것 같다.

Өнгөрсөн жил цас их орсон байх. 작년엔 눈이 많이 왔던 것 같다.

Өчигдөр архи их уусан байх. 어제 술을 많이 마셨던 것 같다.

 **핵심회화**

01

A : Энэ эртний ном гэсэн үү?
이것은 옛날 책이라고 했나요?

B : Тийм. Нэлээн эртний ном гэсэн.
네. 상당히 옛날 책이라고 했어요.

A : Хэдэн оны ном бэ?
몇 년(년도)의 책인가요?

B : Арван наймдугаар зууны үеийн ном байх аа.
18세기 때의 책일 거에요.

Би багшаас эртний ном гэж сонссон.
저는 교수님으로부터(교수님한테) 옛날 책이라고 들었어요.

02

A : Маргааш хүйтэн болох уу?
내일은 추워요?

B : Маргааш хүйтэн болох байх аа.
내일은 추울 거에요.

A : Та цаг агаарын мэдээ үзсэн үү?
당신은 일기 예보를 봤나요?

B : Үгүй. Би цаг агаарын мэдээ үзээгүй.
아니요. 나는 일기예보를 보지 않았어요.

Гэхдээ маргааш хүйтэрнэ гэж бодож байна.
그런데 내일은 추울 것이라고 생각해요. (추울 것 같아요)

A : Хоёулаа цаг агаарын мэдээ үзье.
우리 둘이서 일기예보를 (확인해) 봅시다.

01 다음 문장을 직접인용문으로 만드세요.

> 보기
> - Тэр /Энэ миний гар утас/ хэлээд авлаа.
> - Тэр "Энэ миний гар утас"гэж хэлээд авлаа.

1. Зурагтаар /Коронавирусын халдвар их байна/ ярилаа.

_____.

2. Ах /Маргааш ирнэ/ явлаа.

_____.

3. Бат /Надад монгол хэлний тайлбар толь бичиг хэрэгтэй/ хэлсэн.

_____.

4. Чи /Өвлийн улирлын шалгалт эхэлнэ/ мэдэж байна уу?

_____.

5. Ээж /Надад хурдан туслаач/ хэллээ.

_____.

02 다음 두 문장을 〈-гэ-〉 동사를 이용하여 한 문장으로 쓰세요.

1. Би найзтайгаа уулзана. Хотын төв рүү явлаа.

   _____.

2. Тэд монгол хэл сурна. Улаанбаатар хотод ирсэн.

   _____.

3. Бат хичээлээ хийнэ. Номын сан руу явлаа.

   _____.

4. Би чамаас асуумаар байна. Хүлээж байна.

   _____.

5. Бид хоёр пиво ууна. "Их Монгол"-д очлоо.

   _____.

6. Чамтай утсаар холбогдоно. Өдрөөс хойш залгалаа.

   _____.

03 다음 문장을 간접인용문으로 바꾸어 쓰세요.

1. Бат "Ном авна" гэж хэлснийг би сонссонгүй.

   _____.

2. Ээж "Дэлгүүрт очиж талх аваад ирье" гэж хэлээд гарлаа.

   _____.

3. "Та энэ алимыг гэрийнхэндээ өгөөрэй" гэж хэлээд Туяа явлаа.

   _____.

4. Бат "Онгоцны буудал явж ахыгаа тосно" гэж хэлсэн.

   _____.

5. Туяа "Амрахаар явлаа" гэж хэлээд явсан байна.

   _____.

04 다음 단어를 올바르게 나열하여 문장을 완성하세요.

1. ах, ирэх, явах, долоо хоногт, байх.

   _____.

2. сэтгүүлч, тэр, байх.

   _____.

3. голын, өдийд, ус, байх, хөлдсөн.

   _____.

4. бороо, өнөөдөр, байх, орох.

   _____.

5. нартай, дандаа, байх, байдаг, энд.

   _____.

6. тэр, өнгөрсөн, Солонгос, өвөл, яваад, байх, ирсэн.

   _____.

주제별 어휘 및 표현

동물의 울음소리

각 언어마다 소리를 표현하는 의성어는 같은 소리에 대해 나름의 독특한 방식을 갖는다. 특히 동물의 울음소리가 대표적인 사례이다. 몽골어로 동물 울음소리를 어떻게 표현하는지 살펴보기로 한다.

[동물 울음소리 몽골어 표현]

동물 울음소리
нохой 개 – хав хав[하브하브], хѳв хѳв~ [허우허우](멍멍)
муур 고양이 – ми яа у[미야오](야옹)
арслан 사자 – аррррррр[아르르르](어흥)
хонь 양, ямаа 염소 – май май [마이 마이](음메)
үхэр 소 – ѳмбүү(엄부), үмбүү[움부](음머)
мэлхий 개구리 – вааг вааг[와악 와악](개굴개굴)
тахиа 닭 – гого гого, гоого гоого, гүүг гүүг[꼬꼬, 꼬오꼬꼬오꼬, 꾸욱꾸욱](꼬끼오)
болжмор 참새 – жив жив[찌브찌브](짹짹)

새끼 동물 울음소리
ишиг 새끼염소 – **мээ мээ мээ**[메에메에메에](메에~)
хурга 새끼양 – **мэй мэй мэй**[메이메이메이](메에~)
тугал 송아지 – **үмбүү**[움부](음머~)
ботго 새끼낙타 – **буйн буйн**[보잉보잉]
унага 망아지 – **и-хоо хоо**[이-호오호오](히이잉)

[관련 표현]

A. Тэмээ яаж дуугардаг вэ? 낙타는 어떻게 소리를 냅니까?

B. Сайн санахгүй байна. Харин ботго буйн буйн гэж дуугардаг.
잘 생각이 안나네요. 하지만 새끼낙타는 보잉보잉하고 소리를 냅니다.

〈참고자료 https://www.youtube.com/watch?v=GvSaAqZJHGQ〉

Тэмдэглэл

Хичээл 24

Та өчигдөр жүжиг үзэв үү?
당신은 어제 연극을 보았습니까?

학습 내용

과거시제2 -в, -жээ/-чээ, 필요의 표현 -х хэрэгтэй, -х ёстой

 본문

Мин Ху	Та өчигдөр жүжиг үзэв үү?
Ану	Би өчигдөр жүжиг үзээгүй. Өдөржин гэртээ байлаа.
Мин Ху	Яасан бэ?
Ану	Би өдрөө андуурчээ. Миний үзэх жүжиг дараа долоо хоногт байна.
Мин Ху	Аан за. Сүүлийн үед олон шинэ жүжиг гарч байна.
Ану	Тийм шүү.
Мин Ху	Та хаанаас тасалбар авсан бэ?
Ану	Би онлайнаар тасалбар авсан. Одоо тасалбар авах хурдан, амархан болжээ.
Мин Ху	Тийм шүү. Би бас онлайнаар тасалбар авч үзсэн.

본문해석

민호	당신은 어제 연극을 봤어요?
아노	나는 어제 연극을 보지 않았어요. 하루 종일 집에 있었어요.
민호	무슨 일이 있었어요? (왜요?)
아노	내가 날짜를 착각했어요. 내가 볼 연극이 다음 주에 있네요. (날짜가 다음 주였네요)
민호	네. 최근 많은 새로운 연극들을 하고 있네요.
아노	맞아요.
민호	당신은 어디서 표를 샀습니까?
아노	나는 온라인으로 표를 샀어요. 이제 표를 사는 것이 빠르고, 쉬워졌네요.
민호	맞아요. 저도 온라인으로 표를 사 봤어요.

өчигдөр 어제 **жүжиг** 연극 **өдөржин** 하루 종일 **гэртээ** 집에 **андуурах** 착각하다 **тасалбар** 표 **дараа долоо хоног** 다음 주 **хаанаас** 어디서 **онлайн** 온라인 **амархан** 쉬운 **хурдан** 빨리

핵심문법

01 과거시제2 -в, -жээ/-чээ

- 『몽골어1』12과에서 과거시제어미 '**-сан⁴**'과 '**-лаа⁴**'를 살펴보았다. 여기서는 이 외에 '**-в**, **-жээ/-чээ**'에 대해 알아 보도록 한다.

1) -в

- 동사어간에 과거시제어미 '**в**'를 연결하여 화자가 비교적 먼 과거에 직접 인식였거나 목격한 행위를 나타낸다.
- 동사의 어간이 자음으로 끝나는 경우 모음조화에 맞게 모음을 추가한다.
- 평서형은 주로 문어에서 사용되지만 구어에서는 의문형으로 종종 사용된다

Тэр онгоцоор ирэв. 그는 비행기로 왔다.

Эгч ажилдаа явав. 누나(언니)는 직장에 갔다.

Тэр онгоцоор ирэв үү? 그는 비행기로 왔습니까?

Эгч ажилдаа явав уу? 누나는 직장에 갔습니까?

2) -жээ/-чээ

- 과거시제어미 '**-жээ/-чээ**'는 화자가 간접적으로 인식하거나 목격한 행위를 나타낼 때 사용한다.
- '**-жээ**'와 '**-чээ**'를 구분하여 사용하는 방법은 『몽골어1』13과의 현재진행시제 '**-ж/-ч байна**'을 구분하여 사용하는 방법과 동일하다.

Хүүхдүүд сагсан бөмбөг тогложээ. 아이들은 농구를 했다.

Тэр үлгэрийн ном уншжээ. 그는 설화책을 읽었다.

Тэр ханиад хүрчээ. 그는 감기에 걸렸다.

Ану солонгост Солонгос хэл сурчээ. 아노는 한국에서 한국어를 배웠다.

핵심문법

02 **-х ёстой / -х ёсгүй**

– 동사의 원형에 '**-х ёстой**'를 연결하여 '**~해야한다**'는 강한 필요의 의미를 나타낸다

Өнөөдөр гэр лүүгээ эрт харих ёстой. 오늘은 집으로 일찍 돌아가야만 한다.
Өнөөдөр гэр лүүгээ эрт харих ёсгүй. 오늘은 집으로 일찍 들어오지 말아야 한다.

Өнөөдөр энэ ажлыг хийх ёстой. 오늘은 이 일을 해야만 한다.
Өнөөдөр энэ ажлыг хийх ёсгүй. 오늘은 이 일을 하지 말아야만 한다.

  핵심회화

01

A : Ажлаа дуусав уу?   일은 마무리되었어요?

B : Бараг дууслаа.   거의 끝났어요.

Гэхдээ одоо сүүлийн будалт үлдлээ. 그런데 지금은 마지막 페인트가 남았어요.

A : Энэ ажлыг удаан хийсэн үү?   이번 작업은 오래(오랫동안) 했어요?

B : Тийм. Бараг арван сар хийсэн.   네. 거의 10개월간 했어요.

A : Их нарийн ажил байв уу?   많이 섬세한 작업이었나요?

B : Бүгдийг гараар хийлээ. Цаг их зарцуулсан.

다 손으로(손작업으로) 했어요. 시간이 많이 걸렸어요.

02

A : Чи цагийн ажилдаа явав уу?   너 아르바이트 (하러) 갔니?

B : Өнөөдөр яваагүй.   오늘은 안 갔어.

Маргааш өглөө хичээлдээ яваад орой цагийн ажлаа хийнэ.

내일 아침에 학교에 가고 나서 저녁에 아르바이트를 할 거야.

A : Би буруу сонсжээ.   내가 잘못 들었네.

Чамайг өнөөдөр цагийн ажилтай гэж бодсон.

네가 오늘 아르바이트가 있다고 생각했어. (네가 오늘 아르바이트가 있는 줄 알았는데)

B : Чи зөв сонсжээ. Би цагийн ажлын өдрөө өөрчилсөн.

너 잘 (정확히) 들었어. (네 말이 맞아) 내가 아르바이트 날짜를 바꾸었어.

A : Аан за. Чи оройн хоол идэв үү?   응. 너 저녁 먹었어?

B : Үгүй ээ. Хоёулаа хамт оройн хоол идье.   아니. 우리 둘이 함께 저녁 먹자.

01 다음 보기 의 과거시제어미들 중 하나를 골라 문장을 완성하세요.

> 보기   -жээ/-чээ   -сан⁴   -лаа⁴   -в

1. Тэр хурал оройтож эхэл_____. Би сая сонслоо.

2. Бороо дээлийг норго_____.

3. Манай хүү багадаа нохойноос айдаг бай_____.

4. Бат миний дэвтрийг энд тавь_____ уу?

   Тавьж.

5. Энд ирж суурьшаад хэдэн жил өнгөр_____. Бат тэгж хэллээ.

6. Гэрийн даалгаварт юу өг_____ бэ?

02 다음 밑줄에 알맞은 과거시제어미를 쓰세요.

1. Өчигдөр Бат танай ажил дээр оч_____ уу?

   Тэгжээ. Тэр очжээ.

2. Мин Ху Сөүл рүү автобусаар явж уу?

   Тэгж. Тэр автобусаар яв_____.

3. Багш Дархан явав уу?

   Яв_____.

4. Туяа өнөөдөр онлайнаар хичээлээ хий_____ үү?

   Үгүй. Тэр сургууль дээрээ очиж хий_____.

5. Тэр Сэжун хотоос гар_____ уу?

   Тэр өдөр гар_____ гэнэ.

6. Би хуучин номын дэлгүүрээс гурван ном ав_____. Чамд хэрэгтэй юу?

   Би бас ав_____. Өчигдөр очоод ир_____.

03 다음 문장을 〈-х хэрэгтэй〉를 활용해서 바꾸어 쓰세요.

1. Бат аа! Чи эрт унтаарай.

   _____.

2. Маргааш хүйтэрнэ гэнэ. Дулаан хувцаслаарай.

   _____.

3. Оюутнууд аа! Та нар шалгалтаа сайн бэлдээрэй.

   _____.

4. Сү Жигийн ах өнөөдрийн онгоцоор ирнэ гэнэ. Тэр түүнийг тосох уу?

   _____.

5. Чи хурдан ирээрэй. Ажил их байна.

   _____.

04 〈-х хэрэгтэй, -х ёстой〉 중 맞는 것을 선택하여 다음 문장을 완성하세요.

1. Эрдэм сур_____.

2. Хүн бүр байгаль дэлхийгээ хайрла_____.

3. Хүйтэн байвал дулаан хувцсаа өмс_____.

4. Аав ээжийгээ ачла_____.

5. Хүн өдөрт 2-3 литр ус уу_____.

6. Өнөөдөр энэ орчуулгыг хийж дуусга_____.

주제별 어휘 및 표현

몽골의 세계문화유산

몽골은 원초적인 자연환경 속에서 오랜 역사와 호흡하며 유형, 무형의 풍부한 유목문화 유산을 보전해 오고 있다. 특히, 그 전승가치가 높은 몽골의 문화유산들은 유네스코와 같은 국제기구에 세계문화유산으로 등재되고 있다.

유네스코에 등재된 몽골 문화유산
• (2008) **Морин хуур** 마두금
• **Уртын дуу** 오르팅도 (장가)
• (2009) **Монгол тууль** 몽골 토올(서사시)
• **Монгол цуур** 몽골 초오르(악기)
• **Монгол бий биелгээ** 몽골 전통춤 비 비엘게(춤)
• (2010) **Монгол наадам** 몽골 나담(전통축제)
• **Монгол хөөмэй (хөөмий)** 몽골 허미
• **Бүргэдийн баяр, Шувуучлахуй** 매의 축제 및 매사냥
• (2011) **Монгол лимбэ, битүү амьсгаа** 몽골 림베, 긴호흡법
• **Алтан товч** 황금사(몽골 황금사)
• **Монгол Данжуур** 몽골 단조르(*불교경전 중 하나)
• (2013) **Монгол гэр** 몽골 전통가옥 게르
• **Монгол бичиг, уран бичлэг** 몽골 비치크, 몽골 서예
• (2014) **Шагайн харваа** 샤가이 놀이
• (2015) **Хөөс, Ботго авахуулах зан үйл** 허어스, 새끼낙타 받아들이기 풍습

[관련 표현]

A. **Монгол гэр нь их эртний уламжлалтай юм шиг байна.**

몽골 게르는 아주 오랜 전통을 지니고 있는 듯해요.

B. **Тиймээ. Мөн хөгжил хувьслын олон шатыг туулан өнөө үед уламжилжээ.**

맞아요. 또한 그 변천단계는 여러 과정을 거쳐 오늘날에 이르렀지요.

〈참고자료 http://www.unesco.mn/k/39〉

Тэмдэглэл

Хичээл 25

Би энэ зун солонгос хэл сурахаар шийдсэн.

나는 이번 여름에 한국어를 배우기로 결정했어요.

학습 내용

목적연결어미 -хаар⁴, 후속연결어미 -хлаар⁴

본문

Мин Ху	Та энэ зун юу хийхээр төлөвлөж байна вэ?
Ану	Би энэ зун солонгос хэл сурахаар шийдсэн.
Мин Ху	Тийм үү? Яагаад солонгос хэл сурмаар байна вэ?
Ану	Яагаад гэвэл, би солонгос киног өөрөө ойлгодог болмоор байна.
Мин Ху	Би бас монгол хэлээр илүү чөлөөтэй ярьж сурмаар байна.
Ану	Чи монголоор сайн ярьдаг шүү дээ.
Мин Ху	Баярлалаа. Би таныг солонгос хэл сурахлаар тантай солонгос хэлээр ярина.
Ану	Тэгээрэй. Чи надтай солонгосоор яриарай.

본문해석

민호	당신은 이번 여름에 무엇을 하기로(하려고) 계획하고 있습니까?
아노	나는 이번 여름에 한국어를 배우기로 결정했어.
민호	그래요? 왜 한국어를 배우고 싶습니까?
아노	왜냐하면, 내가 한국 영화를 스스로 이해하고 싶어.
민호	저도 몽골어로 더욱 자연스럽게 말하는 것을 배우고 싶습니다.
아노	너는 몽골어를 잘 하잖아.
민호	감사합니다. 당신이 한국어를 배우면 제가 (당신과) 한국어로 말할게요.
아노	그러자. 너, 나와 한국어로 이야기 하자.

энэ зун 이 여름 **юу** 무엇 **юу хийхээр** 무엇을 하기로 **шийдэх** 결정하다 **сурмаар байх** 배우고 싶다
өөрөө 직접 **ойлгомоор байх** 이해하고 싶다 **чөлөөтэй** 자연스럽게
ярьж сурмаар байх 말하기를 배우고 싶다 **сайн ярих** 말을 잘하다 **тантай** 당신과/당신이랑
надтай 나와/나랑

핵심문법

01 목적연결어미 -хаар⁴

- 동사어간에 '**-хаар⁴(-хаар/-хоор/-хөөр/-хээр)**'을 연결하여 그 행위의 의도나 목적으로 인해 후행동사가 행해짐을 나타낸다. 한국어 '～(하)러/～(하)려고'와 대응된다.

- 자음으로 끝나는 동사어간에 '**-хаар⁴**' 를 연결할 때는 보통 모음을 첨가하므로 결국 동사원형에 '**-аар⁴**' 가 연결된 것과 같은 형태가 된다.

목적연결어미	동사 원형	동사 어간	예
-хаар	**сурах** 배우다	**сур-**	**сурахаар** 배우러
-хоор	**тоглох** 놀다	**тогло-**	**тоглохоор** 놀러
-хөөр	**өгөх** 주다	**өг-**	**өгөхөөр** 주러
-хээр	**идэх** 먹다	**ид-**	**идэхээр** 먹으러

Би монгол хэл сурахаар Улаанбаатар луу явна.
나는 몽골어를 공부하러 울란바타르로 간다.

Тэр сагсан бөмбөг тоглохоор одоо гарлаа. 그는 농구를 하러 지금 나간다.

Ану нэг цагийн өмнө шалгалтаа өгөхөөр явсан.
아노는 한 시간 전에 시험을 보러 갔다.

Мин Ху хоол идэхээр гарсэн. 민호는 밥을 먹으러 나갔다.

*참고 : 목적연결어미 '**-хаар⁴**' 다음에 '**болох**' 동사의 과거형을 연결하면 해당 행위를 할 것을 결정했거나 약속했다는 의미를 나타낸다. 한국어 '～(하)기로 하다' 와 대응된다.

Би маргааш дүүтэйгээ хамт хоол идэхээр болсон. 나는 내일 동생과 함께 밥을 먹기로 했다.
Бид хоёр цагийн дараа кино үзэхээр боллоо. 우리는 한 시간 후에 영화를 보기로 했다.

02 후속연결어미 -хлаар⁴

– 동사어간에 '**-хлаар⁴**(**-хлаар/-хлоор/-хлөөр/-хлээр**)'를 연결하여 앞 문장의 행위가 끝나고 그 다음 문장의 행위가 일어남을 나타낸다. 한국어 '~고(난 후에)', '~아서/~어서'와 대응된다.

후속연결어미	동사 원형	동사 어간	예
-хлаар	санах 그립다	сана-	сана**хлаар** 그리워서
-хлоор	сонсох 듣다	сонс-	сонсо**хлоор** 들어서
-хлөөр	өгөх 주다	өг-	өгө**хлөөр** 주어서
-хлээр	ирэх 오다	ир-	ирэ**хлээр** 와서

Би ээжээгээ санахлаар **уйлдаг.**

나는 어머니가 그리워서(보고싶어서) 울곤한다.

BTS хамтлагийн дуу сонсохлоор **сэтгэл сайхан болсон.**

BTS 그룹의 노래를 들어서 기분이 좋아졌다.

Ээж хоол хийж өгөхлөөр **бид нар идсэн.**

어머니께서 밥을 해 주셔서 우리는 먹었다.

Түүнийг ирэхлээр **бүгдээрээ хамт явцгаая.**

그가 오면(오고 난 후에) 모두 함께 갑시다.

  핵심회화

01

A : Ахыг ирэхээр энэ ажлыг хамт хийх үү? 형이 오면 이 일을 함께 할까?
B : Ах хэзээ ирэх вэ? Өнөөдөр оройтох уу? 형이 언제 와? 오늘 늦어?
A : Үгүй. Өнөөдөр эрт ирнэ. 아니. 오늘은 일찍 와.
B : За тэгье. Ахаас асууя. 응, 그러자. 형한테 물어보자.
A : Ахаас асуухлаар маш сайн зааж өгдөг. 형에게 물어보면 아주 잘 가르쳐 줘.
B : Тийм шүү. 맞아.

02

A : Хичээл дуусахлаар юу хийх вэ? 수업이 끝나고 나면 뭐 할거에요?
B : Хичээл дуусахлаар Баттай сагс тоглоно.
 수업이 끝나고 나면 바트와 농구를 할거에요.
A : Өдрийн хоол идэхгүй юу? 점심은 안 먹어요?
B : Өдрийн хоолоо дараа иднэ. 점심은 나중에 먹을 거에요.
 Хоол идэхээр сагс тоглох хэцүү. 밥을 먹으면 농구를 하기 힘들어요.
A : Аан за. Тэгвэл маргааш өдрийн хоол хамт идье.
 네. 그러면 내일 점심을 같이 먹어요.
B : Тэгье. 그럽시다.

연습문제

01 목적연결어미 〈-хаар⁴〉를 활용하여 다음 문장을 완성하세요.

1. Оюутнууд /монгол хэлний дадлага хийнэ/ Монгол руу явах гэж байна.

   _____

2. /Кино зураг авна/ гадныхан Монголд иржээ.

   _____

3. Зуны улиралд монголчууд /амарна/ хөдөө явдаг.

   _____

4. Бид /шалгалтандаа бэлдэнэ/ өдөр бүр номын сан руу явж байна.

   _____

5. Би /сүү авна/ дэлгүүр явлаа.

   _____

6. Мин Ху /үсээ засуулна/ үсчин рүү гарлаа.

   _____

02 보기 에서 알맞는 단어를 골라 문장을 완성하세요.

> **보기** уулзахаар, тоглохоор, хийхээр, идэхээр, уншихаар, орохоор

1. Тэр их сургуульд _____ иржээ.

2. Хүүхдүүд гадаа _____ гарлаа.

3. Би найзтайгаа _____ Сөүл хот руу явлаа.

4. Манай ангийнхан хоол _____ явчихжээ.

5. Нагац эгч кимчи _____ баахан байцаа авчээ.

6. Би хуучин номын дэлгүүрээс _____ гурван ном авлаа.

03 다음 두 문장을 후속연결어미 ⟨-хлаар⁴⟩를 활용하여 연결하세요.

1. Аав хоол хийнэ. Бүгдээрээ Мин Хуг дуудаад хамт идье.

   _____

2. Үүр цайна. Замдаа гарна.

   _____

3. Зун болно. Би явж далай үзнэ.

   _____

4. Харанхуй болно. Миний хүү гэрлээ асаагаарай.

   _____

5. Сэрүүлэг дуугарна. Чи босоод эмээгээ тосоорой.

   _____

04 〈-хаар⁴, -хлаар⁴〉 중 맞는 것을 선택하여 문장을 완성하세요.

1. Ногоон гэрэл ас_____ гаараарай.

2. Багшийг ангиас гар_____ оюутнууд гардаг.

3. Таныг хөдөөнөөс ир_____ хоёулаа Лотте цамхагт очиж үзье.

4. Би энд монгол хэл сур_____ ирсэн.

5. Намар бол_____ өвс гандаж, сэрүүн болдог.

6. Бороо ор_____ ган тайлдаг.

주제별 어휘 및 표현

몽골 행정단위와 아이막

현재 몽골의 행정 구역은 수도인 울란바토르시와 21개의 도(аймаг 아이막)를 포함해 총 22개 지역으로 구성되어 있다. 각 지역마다 지방정부가 있으며, 아이막의 하위분류 단위로 군(сум 솜)과 그 하위 단위인 면(баг 박)으로 나뉜다. 수도인 울란바타르는 9개의 구(дүүрэг 두우렉)로 구성되며, 그 하위 단위로 동(хороо 허러어)으로 다시 나뉜다.

[몽골 아이막과 중심소재지]

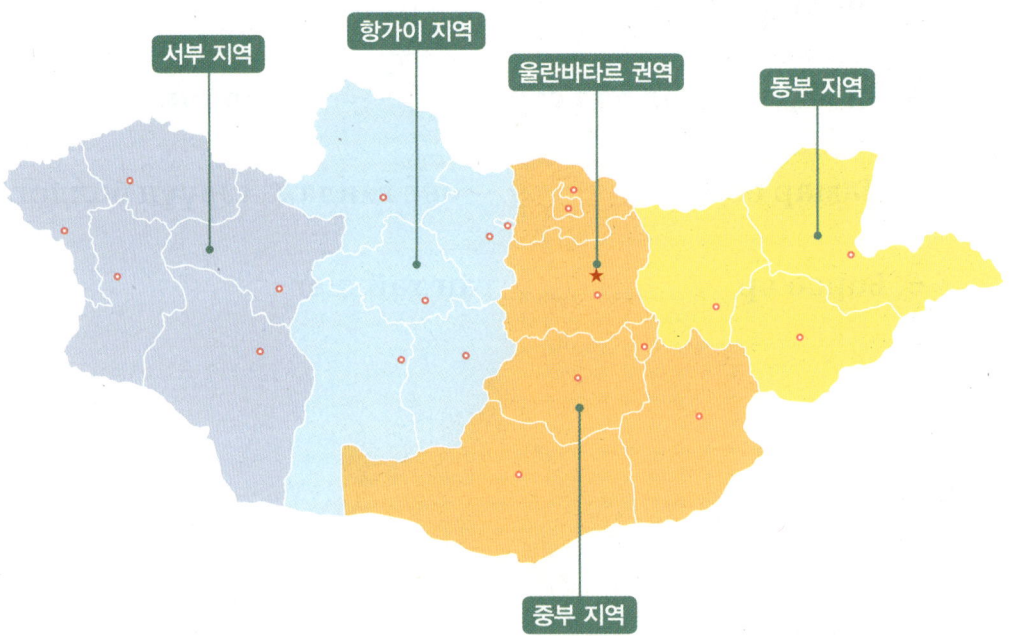

행정단위	몽골 광역 지방 구분
аймаг 아이막(도, 道)	**Улаанбаатарын бүс** 울란바타르 권역
сум 솜(군, 郡)	**Төвийн бүс** 중부 지역
баг 박(면, 面)	**Хангайн бүс** 항가이 지역
хот 호트(시, 市)	**Баруун бүс** 서부 지역
дүүрэг 두우렉(구, 區)	**Зүүн бүс** 동부 지역
хороо 허러어(동, 洞)	

⟨참고자료 **Монгол Улсын аймгууд ба улсын нийслэл Улаанбаатар**⟩

[출신 관련 표현]

A. Таны төрсөн нутаг хаана вэ?

당신의 고향은 어디입니까?

B. Би Архангай аймгийн Эрдэнэбулган суманд төрсөн.

저는 아르항가이 아이막 에르덴볼강 솜에서 태어났어요.

A. Танай нутаг юугаараа алдартай вэ?

당신의 고향은 무엇으로 유명합니까?

B. Төрөл бүрийн ан амьтантай, цэцэг жимс дэлгэрсэн байгалийн үзэсгэлэнтэй нутаг.

각종 야생동물들, 꽃과 과일이 자라는 경치가 아름다운 고장입니다.

Тэмдэглэл

Хичээл 26

Хичээлийн амралт эхэлмэгц нутаг явна.

방학이 시작되자마자 고향에 갈 것입니다.

학습 내용

즉시연결어미 -магц⁴, 순차연결어미 -нгуут²

 **본문**

Мин Ху	Та энэ жил хэзээ нутаг руугаа явах вэ?
Ану	Би энэ жил зун нутаг руу явна. Хичээлийн амралт эхэлмэгц нутаг явна.
Мин Ху	Таны нутаг хол уу?
Ану	Манай нутаг ойрхон. Монгол Улсын төв хэсэгт байдаг.
Мин Ху	Малчид хэзээ хамгийн завгүй байдаг вэ?
Ану	Малчид хавар болонгуут завгүй болдог.
Мин Ху	Яагаад завгүй болдог вэ?
Ану	Хавар мал төллөж, малчдын хамгийн их ажилтай үе ирдэг.

본문해석

민호	당신은 올해 언제 고향으로 갈 겁니까?
아노	나는 올해 여름에 고향으로 갈 거예요. 방학이 시작되자마자 고향에 갈 거예요.
민호	당신의 고향은 멀어요?
아노	우리 고향은 가까워요. 몽골의 중부 지역에 있어요.
민호	유목민들은 언제 제일 바쁩니까?
아노	유목민들은 봄이 되자마자 바빠져요.
민호	왜 바빠집니까?
아노	봄에는 가축이 새끼를 낳아서 유목민들이 가장 바쁜시기가 다가와요.

нутаг руугаа 고향으로　**хичээлийн амралт** 학교 방학　**эхэлмэгц** 시작되자마자　**хол** 먼
төв хэсэг 중부 지역　**малчин** 유목민　**болонгуут** 되자마자　**завгүй болох** 바빠지다　**мал** 가축
төллөх (가축이) 새끼를 낳다　**их ажилтай** 일이 많은/바쁜　**үе ирэх** 시기가 다가오다

핵심문법

01 즉시연결어미 -магц⁴

– 동사어간에 '**-магц⁴**(-магц/-могц/-мөгц/-мэгц)'을 연결하여 그 행위가 행해진 후 즉시 다음 행위가 행해짐을 나타낸다. 한국어 '**~하자마자**'와 대응된다.

즉시연결어미	동사 원형	동사 어간	예
-магц	**дулаарах** 따뜻해지다	дулаар-	**дулаар**магц 따뜻해지자마자
-могц	**болох** 되다	бол-	**бол**могц 되자마자
-мөгц	**өгөх** 주다	өг-	**өг**мөгц 주자마다
-мэгц	**идэх** 먹다	ид-	**ид**мэгц 먹자마자

Цаг агаар дулаармагц хөдөө явдаг.
날씨가 따뜻해지자마자 시골에 간다.

100 хэм болмогц ус буцалдаг.
100도가 되자마자 물이 끓는다.

Мөнгө өгмөгц шууд хэрэглэдэг.
돈을 주자마자 바로 쓴다.

Оройн хоол идмэгц бүгд аягаа угаасан.
저녁 식사를 먹자마자 모두 그릇을 씻었다.

핵심문법

02 순차연결어미 -нгуут²

- 동사어간에 '-нгуут²(-нгуут/-нгүүт)'를 연결하여 그 행위가 행해진 다음 순차적으로 행위가 행해짐을 나타낸다. 한국어 '~하자마자'와 대응된다.

- '-нгуут²(-нгуут/-нгүүт)'를 연결할 때 동사어간이 자음으로 끝날 경우 모음조화에 따라 모음이 첨가된다.

> *참고 : 즉시연결어미 '-магц⁴'와 순차연결어미 '-нгуут²'의 의미는 거의 같다. 이 때문에 혼용해 사용할 수 있다.

순차연결어미	동사 원형	동사 어간	예
-нгуут	харах 보다	хар-	харангуут 보자마자
	орох 들어가다	ор-	оронгуут 들어가자마자
-нгүүт	өмсөх 입다	өмс-	өмсөнгүүт 입자마자
	ирэх 오다	ир-	ирэнгүүт 오자마자

Би ээжээ харангуут тэвэрсэн.
나는 어머니를 보자마자 껴안았다.

Дүү бороо оронгуут гэртээ харьсан.
동생은 비가 오자마자 집에 돌아갔다.

Тэр шинээр авсан хувцсаа өмсөнгүүт шууд гарсан.
그는 새로 산 옷을 입자마자 바로 나갔다.

Аав гэртээ ирэнгүүт гараа угаасан.
아버지는 집에 오시자마자 손을 씻으셨다.

03 기회연결어미 -нгаа⁴

– 동사어간에 '-нгаа⁴(-нгаа/-нгоо/-нгөө/-нгээ)'를 연결하여 해당 동사의 행위를 기회로 다음 행위가 일어남을 나타낸다. 한국어 '~면서', '~하는 김에'와 대응된다.

– '-нгаа⁴(-нгаа/-нгоо/-нгөө/-нгээ)'를 연결할 때 동사어간이 자음으로 끝날 경우 모음조화에 따라 모음이 첨가된다.

기회연결어미	동사 원형	동사 어간	예
-нгаа	явах	яв-	ява**нгаа** 가면서 / 가는 김에
-нгоо	босох	бос-	босо**нгоо** 일어나면서 / 일어난 김에
-нгөө	өгөх	өг-	өгө**нгөө** 주면서 / 준 김에
-нгээ	идэх	ид-	идэ**нгээ** 먹으면서 / 먹은 김에

Та их дэлгүүр луу явангаа номын дэлгүүр ороод ирээрэй.

당신은 백화점으로 가면서 서점에도 들렸다 오세요.

Та босонгоо надад ном аваад өгөөч.

당신은 일어난 김에 나에게 책을 가져다 주세요.

Шалгалт өгөнгөө бохь зажилж болохгүй.

시험을 보면서 껌을 씹으면 안됩니다.

Манай ах хоол идэнгээ зурагт үзэж байна.

우리 형은 밥을 먹으면서 텔레비전을 보고 있다.

 **핵심회화**

01

A : Чи нөгөө компанид ажилд орох хүсэлтээ өгсөн үү?
넌 그 회사에 취업 지원서를 냈어?

B : Өгсөн, өчигдөр ярилцлаганд орсон.
냈어, 어제 면접 봤어.

Одоо эцсийн хариугаа хүлээж байна.
지금 최종 결과를 기다리고 있어.

A : Гайгүй байх аа. Чиний сурлагын дүн сайн шүү дээ.
괜찮을 거야. 넌 성적이 좋잖아.

B : Харин ээ. Би хариу гармагц чамд хэлнэ ээ.
글쎄. 내가 결과를 받자마자 너에게 알릴게.

02

A : Туяагийн төрсөн өдрөөр хоёулаа гэнэтийн бэлэг барих уу?
우리 둘이 토야 생일에 깜짝 선물을 해 줄까요?

B : Тэгье. Ямар гэнэтийн бэлэг барих вэ?
그럽시다. 어떤 깜짝 선물을 해 줄까요?

A : Туяа өрөөнд орж ирэнгүүт хоёулаа төрсөн өдрийн дуу чангаар дуулж өгье.
토야가 방에 들어오자마자 우리 둘이 생일 축하 노래를 큰 소리로 불러 줍시다.

B : Тэгэх үү?
그럴까요?

A : Тэр их баярлах байх аа.
그녀는 매우 기뻐할 것 같아요.

연습문제

01 순차연결어미 〈-нгуут²〉를 활용하여 다음 문장을 연결하세요.

1. Дуурь эхэллээ. Шууд чимээ намдав.
   _____.

2. Дүү эмээ уув. Унтчихлаа.
   _____.

3. Би түүний өгсөн хоолыг идэв. Даалгавраа хийсэн.
   _____.

4. Бат өглөө эрт бослоо. Хувцсаа өмсөөд гэрээс гарлаа.
   _____.

5. Би ажлаа дуусав. Кино театр руу гүйлээ.
   _____.

6. Би одоо ажил руугаа очно. Чам руу залгая.
   _____.

연습문제

02 즉시연결어미 ⟨-магц⁴⟩, 기회연결어미 ⟨-нгаа⟩를 활용하여 다음 문장을 연결하세요.

1. Борооны ганц нэг дусал зам дээр унав. Уур болон дэгдэнэ.
   _____.

2. Автобус хөдөллөө. Ээж сүүгээ өргөн хоцров.
   _____.

3. Хичээл дуусна. Би чам руу яръя.
   _____.

4. Зуны амралт эхэлнэ. Монгол хүүхдүүд зуслан явцгаадаг.
   _____.

5. Аав Сэжун хотод ажлаар очлоо. Тэнд найзтайгаа уулзлаа.
   _____.

6. Тэр хүний яриаг сонсоно. Би шууд бичиж байна.
   _____.

03 다음 단어 중 맞는 것을 선택해서 문장을 완성하세요.

> **보기**   харангаа   танингуутаа   унтармагц   оронгоо
>   ирэнгүүт   дуусмагц   гарангуут

1. Бат намайг _____ дуудав.

2. Тэр дэлгүүр _____ хоол идээд иржээ.

3. Гэрэл _____ хөшиг нээгдэн жүжиг эхэллээ.

4. Хүүхэд цасан хүн хийж _____ аав ээжийгээ дуудлаа.

5. Тэд машины цонхоор алсыг _____ дуулалдан явав.

6. Намайг уулын орой дээр _____ бороо асгарав.

7. Багш ангид орж _____ оюутнуудтай мэндлэв.

04 다음 질문의 답을 쓰세요.

1. Та Солонгост очингуут юу хийх вэ?
   _____.

2. Таныг уншаад дуусмагц энэ номыг би авч болох уу?
   _____.

3. Тэр их сургуулиа төгсмөгц яана гэнэ вэ?
   _____.

4. Дулаарангуут цанын бааз хаагдах уу?
   _____.

5. Бүсанд очмогцоо тан руу залгаж болох уу?
   _____.

6. Энэ удаа аялал хийнгээ ажлаа хийх үү?
   _____.

주제별 어휘 및 표현

계절과 날씨

몽골은 한국과 마찬가지로 봄(хавар), 여름(зун), 가을(намар), 겨울(өвөл) 사계절을 가지고 있다. 여기서는 계절과 날씨 관련 유용한 몽골어 회화 표현을 살펴보기로 한다.

[사계절 표현]

хавар 봄

- Дулаан байна.
- Би даарахгүй байна.

зун 여름

- Халуун байна.
- Өнөөдөр халуун өдөр байна.

намар 가을

- Сэрүүн байна
- Өчигдөр бороо их орсон.

өвөл 겨울

- Хүйтэн байна.
- Гадаа цас орж байна.

[날씨 표현]

A. Цаг агаарын урьдчилсан мэдээ сонссон уу? 일기예보를 들었나요?
　　Өнөөдөр ямар байна гэнэ вэ? 오늘 (날씨가) 어떻다고 하나요?

B. Өнөөдөр _____ байна гэсэн. 오늘 (날씨가) _____ 라고 했어요.

| нартай | үүлтэй | цэлмэг, сайхан | бүрхэг, муухай |
| 해가 있는(쨍쨍한) | 구름이 낀(흐린) | 맑은, 화창한 | 흐린, 우중충한 |

| цастай | бороотой | салхитай | аянгатай |
| 눈이 오는 | 비가 오는 | 바람이 부는 | 천둥이 치는 |

[기온 체감 표현]

A. Гадаа ямар байна вэ? 밖에 (기온이) 어때요?

B. Гадаа _____ байна. 밖에 (기온이) _____ 해요.

| халуун | дулаан | сэрүүн | хүйтэн |
| 더워요 | 따뜻해요 | 시원해요, 서늘해요 | 추워요 |

Тэмдэглэл

Хичээл 27

Өнөөдөр бид нар ямар сэдвээр ярилцах вэ?

오늘 우리는 어떤 주제로 이야기합니까?

학습 내용

의문사

 **본문**

Мин Ху	Өнөөдөр бид нар ямар сэдвээр ярилцах вэ?
Ану	Өнөөдөр бид нар 'Монгол айраг' гэдэг сэдвээр ярилцана.
Мин Ху	Монгол айргийг яаж хийдэг вэ?
Ану	Монгол айргийг гүүний сүүг исгэж хийдэг.
Мин Ху	Айргийг хэзээ хийж уудаг вэ?
Ану	Айргийг голдуу зуны улиралд хийж уудаг.
Мин Ху	Айргийг их уувал хүний биед муу юу?
Ану	Зөв хэрэглэх хэрэгтэй.

본문해석

민호	오늘 우리는 어떤 주제로 이야기합니까?
아노	오늘 우리는 '몽골 아이락'이라는 주제로 이야기할 거예요.
민호	몽골 아이락은 어떻게 만듭니까?
아노	몽골 아이락은 말젖을 발효시켜 만들어요.
민호	아이락은 언제 만들고 마셔요(먹어요)?
아노	아이락은 주로 여름철에 만들어서 먹어요.
민호	아이락을 많이 마시면 사람 몸에 나빠요?
아노	적당하게 먹어야 해요.

сэдэв 주제/제목 **ярилцах** 이야기하다/대화하다 **айраг** 아이락/마유주 **яаж** 어떻게
гүүний сүү 말젖/암말의 젖 **исгэж хийх** 발효시켜 만들다 **хэрэглэх** 사용하다 **голдуу** 주로
зуны улирал 여름철 **хийж уух** 만들어 마시다/만들어 먹다 **бие** 몸 **хэрэглэх хэрэгтэй** 사용해야 하다

> **핵심문법**

01 의문사

1) аль 어느

Та аль хотоос ирсэн бэ? 당신은 어느 도시에서 왔습니까?

Аль нь минийх юм бэ? 어느 것이 내 것입니까?

2) хаана 어디

Бүгдээрээ хаана очиж ажиллах бол? 모두 어디에 가서 일할 겁니까?

Монголын нутагт хаанаас хаа хүртэл галт тэрэг явдаг вэ?
몽골 지역에는 어디에서 어디까지 기차가 다닙니까?

3) хаа 어디

Танайх хаа өвөлжиж байна вэ? 당신네는 어디서 겨울을 보냅니까?

Та хаа хаа очиж үзэв? 당신은 어디어디 가 보았나요?

4) хаашаа 어디로

Хаашаа яваад ирэв? 어디로 갔다가 왔나요?

Та хаашаа явах гэж байна вэ? 당신은 어디로 가려고 합니까?

5) хаагуур 어느 방향으로

Машинаар явах бол хаагуур явах вэ? 차로 간다면 어느 방향으로 가야할까?

Та хаагуур хаагуур аялав? 당신은 어느 어느 곳으로 여행했나요?

6) хаачих 어디로 가다 (의문동사)

Та хаачих гэж байна вэ? 어디로 가려고 합니까?

Та хааччихаад ирэв? 당신은 어디 갔다가 왔나요?

핵심문법

7) хир 어느정도

Арслан заан гэж хир том амьтан байсан бол?
맘모스라는 것은 얼마나 큰 동물이었을까?

Хир зэрэг олон хүн оролцсон бэ? 얼마만큼 많은 사람이 참여했을까?

8) хичнээн 얼마나

Хичнээн олон шөнө нойргүй хонов доо? 얼마나 많은 밤을 새웠을까요?

Дэлхий дээр хичнээн олон хүүхэд хоолгүй хонож байна вэ?
세상에 얼마나 많은 아이들이 음식없이 지내고 있을까요?

9) хэд /хэдэн 몇

Хэдэн удаа онгоцоор аялж үзсэн бэ? 몇 번 비행기로 여행해 봤니?

Цаг хэд болж байна вэ? 시간이 몇이 되가고 있니? (몇 시니?)

10) хэдийд 언제쯤

Хэдийд ирнэ гэсэн бэ? 언제쯤 온다고 했나요?

Тэр дугуйлан чинь хэдийд эхлэх вэ? 그 모임은 언제쯤 시작하나요?

11) хэн 누구

Хэн хэн байна вэ? 누구 누구 있나요?

Хэнтэй хамт бүжиглэсэн бэ? 누구랑 같이 춤췄나요?

12) хэзээ 언제

Хэзээ ирэх вэ? 언제 올 겁니까?

Хэзээ явах вэ? 언제 갈 겁니까?

13) яах 어떻게 하다 (의문동사)

Хичээлээ тараад яах гэж байна вэ? 수업 마치고 뭐(어떻게) 하려고 합니까?

Яах гэж ийм хурдан хийсэн бэ? 뭐(어떻게) 하려고 이렇게 빨리 했어?

14) яаж 어떻게

Яаж хийсэн бэ? 어떻게 한거야?

Монгол бичгээр яаж бичдэг вэ? 몽골 비칙으로 어떻게 씁니까?

15) яасан 어떻게 되었나?

Та нар өчигдөр хичээлээ тараад яасан бэ?

당신들은 어제 수업 마치고 어떻게 됐어요?

Өглөө яасан? 아침은 어땠어요?

16) яагаад 왜

Хүүхэд яагаад уйлсан бэ? 아이가 왜 울었나요?

Яагаад хоолоо идэхгүй байна вэ? 왜 밥을 먹지않나요?

17) ямар 어떤

Ямар газраар явав? 어떤 곳으로 갔나요?

Ямар ямар ном байна вэ? 어떤 어떤 책이 있나요?

18) юу 무엇

Та энд юу хийдэг вэ? 당신은 여기서 뭘 합니까?

Юу юу авав? 뭐 뭐 샀어요?

 핵심회화

01

A : Монголд ямар баяруудаар амардаг вэ?

몽골은 어떤 명절에 쉬어요?

B : Монголд Шинэ жил, Цагаан сар, Наадам зэрэг баяруудаар бүгдээрээ амардаг.

몽골은 신년, 차강 사르(설날), 나담 축제 등 명절에 모두 다 쉬어요.

A : Цагаан сараар хэдэн хоног амардаг вэ?

차강 사르에 며칠 쉬어요?

B : Цагаан сараар гурван хоног амардаг.

차강 사르에 3일 쉬어요.

02

A : Өнөөдрийн уулзалтыг яаж хийх вэ?

오늘 모임을 어떻게 할까요?

B : Өнөөдөр бүгд гэрээсээ онлайнаар уулзана.

오늘 모두 집에서 온라인으로 만날 거예요.

A : Онлайн уулзалт их зүгээр шүү.

온라인 모임이 아주 괜찮은 것 같아요.

Цаг хэмнэнэ.

시간이 절약돼요.

B : Миний хувьд хүнтэй биечлэн уулзах дуртай.

저 같은 경우는 사람을 직접 만나는 것을 좋아해요.

01 보기 에서 맞는 의문사를 골라 문장을 완성하세요.

> **보기** хэн   юу   аль   ямар   хэд
> хичнээн   яасан   хаана   хэдийд

1. Та нар далайн эрэг дээр очоод _____ хийв?

2. _____ байранд орох вэ?

3. Батынх _____ малтай вэ?

4. Өчигдөр танайд _____ ирэв?

5. Таны бие _____ байна вэ?

6. Наадамд _____ хүн цуглаж вэ?

7. Та нар _____ уулзахаар тохирсон бэ?

8. Энэ байшинг _____ барьж дуусгах вэ?

9. Чи энэ номыг _____ уншив?

10. Та ороолтоо _____ бэ?

연습문제

02 밑줄 친 단어에 맞는 의문사를 **보기** 에서 골라 의문문을 만드세요.

| 보기 | ямар ямар | алиныг | юунд |
| | хэддүгээр | хэзээ хэзээ | хаагуур |

1. _____?

   Тэр хуралд ирээгүй.

2. _____?

   Би улааныг нь авна.

3. _____?

   Том бага олон хүмүүс иржээ.

4. _____?

   Би 105-дугаар байшинд амьдардаг.

5. _____?

   Бид Япон, Солонгосоор яваад ирлээ.

6. _____?

   Тэд маргааш зарим нь, нөгөөдөр үлдсэн нь ирнэ.

03 다음 보기 중 맞는 의문사를 골라 문장을 완성하세요.

> 보기   хаана   хаачих   хэдийд   яаж   хэдэн

1. Ангид _____ сурагч шалгалт өгч байна вэ?

2. Тэр _____ гэнэ вэ?

3. Та нар _____ цугларч уулзах вэ?

4. Коронагийн халдварын үед хүүхдүүд өдрийг _____ өнгөрөөж байна вэ?

5. Коронавирусын тархалт _____ дуусах бол?

연습문제

04 다음 질문의 답을 쓰세요.

1. Та яг одоо хэнтэй уулзаж байна вэ?

   _____.

2. Уучлаарай. Сэжун хот руу юугаар явах вэ?

   _____.

3. Та хоёр хаачих гэж байна вэ?

   _____.

4. Номын дэлгүүр хаана байдаг вэ?

   _____.

5. Сөүл хот хичнээн хүн амтай вэ?

   _____.

6. Хүйтэрмэгц эдгээр шувууд хаашаа нисэх бол?

   _____.

주제별 어휘 및 표현

계절 풍속

몽골 유목민은 사계절에 따라 목축 생활에 적합한 곳으로 이주하는 독특한 풍속을 가지고 있다. 또한, 계절별 특별한 인사말을 주고받으며 서로의 안부를 묻고 상대방의 안녕을 기원한다. 아래 소개한 계절 관련 인사 표현(дөрвөн улирлын мэндлэх ёс)을 익혀 보기로 한다.

[계절집]

хаваржаа 봄집

зуслан 여름집

намаржаа 가을집

өвөлжөө 겨울집

몽골 유목민의 겨울집

[계절에 따른 인사]

봄인사

Тавтай сайхан хаваржиж байна уу? 평안한 봄을 지내고 계십니까?

Тарган сайхан хаваржиж байна уу? 풍족한 봄을 지내고 계십니까?

Мал их төллөж, төл мэнд бойжиж байна уу? 가축들은 건강하게 잘 번성하고 있습니까?

여름인사

Тавтай сайн зусаж байна уу? 평안한 여름 지내고 계십니까?

Зуншлага сайхан болж байна уу? 여름 나기 잘하고 있습니까?

Тавтай зусаж, мал их таргалж байна уу?

평안한 여름을 나시고, 가축들 통통하게 잘 자라고 있습니까?

Газрын гарц, малын тарга хүч сайн байна уу?

방목지의 풀과 가축들은 튼튼하게 잘 자라고 있나요?

Хур бороо элбэгшиж байна уу? 단비는 풍족하게 내리고 있나요?

가을인사

Тавтай сайн намаржиж байна уу? 평안한 가을 보내고 계십니까?

Малын тарга хүч нэмэгдэж, тогтож байна уу?
가축들은 튼튼하고 건강하게 잘 자라고 있습니까?

Өвс хадлан, шимт тэжээл их бэлдэв үү? 영양가 있는 목초들은 잘 준비하셨나요?

겨울인사

Тарган сайхан өвөлжиж байна уу? 건강하게 겨울 잘 지내고 계십니까?

Өнөтэй сайхан өвөлжиж байна уу? 따스하게 겨울을 잘 보내고 계십니까?

Өвөлжөө бууц тавтай, өвс, цас, ус элбэг, тарган сайхан өвөлжиж байна уу?
겨울집은 평안하고 목초와 눈과 물이 풍족하며, 복되게 겨울을 잘 나고 계십니까?

하닥을 바치며 공손하게 인사를 하는 모습

Хичээл 28

Би арав гаруй жил ажиллаж байна.

나는 10년 정도 일하고 있습니다.

학습 내용

후치사

 **본문**

Мин Ху	Та сургуульдаа хэдэн жил ажиллаж байна вэ?
Ану	Би арав гаруй жил ажиллаж байна.
Мин Ху	Танай сургуульд хэдэн багш ажилтан байдаг вэ?
Ану	Манай сургуульд мянга таван зуу орчим багш ажилтан байдаг.
Мин Ху	Олон багш ажилтан байна шүү. Хэдэн онд байгуулагдсан бэ?
Ану	Монгол Улсын Их Сургууль 1942 онд байгуулагдсан.
Мин Ху	Олон жилийн түүхтэй сургууль юм аа.
Ану	Монгол Улсын анхны их сургуулиудын нэг л дээ.

본문해석

민호	당신은 학교에서 몇 년 동안 일하고 계십니까?
아노	나는 10년 정도 일하고 있어요.
민호	당신의 학교에 몇 명의 교직원이 있습니까?
아노	우리 학교에 1,500여 명의 교직원이 있어요.
민호	교직원이 많네요. (학교가) 언제 설립되었습니까?
아노	몽골국립대학교는 1942년에 설립되었어요.
민호	수십 년 역사를 가진 학교이네요.
아노	몽골 최초의 대학교 중의 하나에요.

сургуульдаа (당신의) 학교에 **жил** 년 **ажиллах** 일하다/근무하다 **арав гаруй жил** 10년 정도
багш ажилтан 교직원 **орчим** 여/대략 **байгуулагдах** 설립되다 **олон жил** 수년/다년 **түүх** 역사
түүхтэй 역사를 가진/역사인 **анхны** 최초의 **их сургуулиуд** 대학교들

핵심문법

01 후치사

– 몽골어의 후치사는 주로 소유격이나 탈격과 함께 쓰이며 선행어를 후행어에 종속하여 연결하는 기능을 한다.

1) 시·공간 후치사

① 소유격 + **өмнө** ~의 전에
Хоёр цагийн өмнө манай хичээл дууссан. 2시간 전에 우리 수업이 끝났어요.
Хөдөө явахын өмнө машинаа шалгана. 시골에 가기 전에 차량을 점검합니다.

② 소유격 + **дараа** ~의 다음에
Борооны дараа нар гарав. 비 (온) 다음에 해가 떴어요.
Дасгал хийсний дараа амардаг. 운동 한 다음에 쉬어요.

③ 탈격 + **хойш** ~ 이후에
Үүнээс хойш дахин уулзаагүй. 이 이후에 다시 만나지 않았어요.
Ах явснаас хойш манай гэрийнхэн гунигтай болов.
형이 간 후에 우리 식구들은 슬퍼졌어요.

④ 소유격 + **дотор** ~의 안에
Гэрийн дотор хүмүүс байна. 집 안에는 사람들이 있다.
Нэг цагийн дотор ажил дууслаа. 1시간 안에 일이 끝났다.

⑤ 탈격 + **гадна** ~ 밖에 / ~ 이외에
Аанаас гадна гурван хүн байв. 아버지 이외에 3명이 있었다.
Хоолноос гадна ус, ундаа бас байна. 밥 이외에 물, 음료수도 있다.

핵심문법

⑥ 소유격 + **дэргэд** ～의 옆에
Эмнэлгийн дэргэд эмийн сан байна. 병원 옆에 약국이 있어요.
Ахын дэргэд очиж суулаа. 형의 옆에 가서 앉았다.

⑦ 소유격 + **хажууд** ～의 옆에
Миний хажууд тэр байв. 내 옆에 그가 있었다.
Манай гэрийн хажууд худаг бий. 우리 집 옆에 우물이 있어요.

⑧ 소유격 + **урд** ～의 앞에
Түүний урд нэг эмэгтэй зогсож байна. 그의 앞에 한 여자가 서 있다.
Уулын урд гол байдаг. 산 앞에 강이 있다.

⑨ 소유격 + **ард** ～의 뒤에 / ～ 후에
Эгчийн ард дүү нуугдав. 언니의 뒤에 동생이 숨었다.
Их ажлын ард гарч сайхан амарна. 많은 일을 해낸 후에 푹 쉴 거야.

⑩ 소유격 + **хойно** ～의 뒤에 / ～ 후에
Хэдэн жилийн хойно бид санаандгүй тааралдсан.
수년 뒤에 우리는 우연히 마주쳤다.
Түүнийг ирсний хойно түүнээс асуулаа. 그가 온 후에 그에게 물었다.

2) 수량 후치사

① **гаруй** ～ 이상
Арав гаруй ном байна. 10권 이상의 책이 있다.
Тавь гаруй хүмүүс цуглажээ. 50명 이상의 사람들이 모였다.

② **орчим** ~ 정도 / ~ 가량

Монгол хэл сураад гурван жил орчим болж байна.

몽골어를 배운지 3년 정도 되어 가요.

Тэр 20 орчим настай.   그는 20살 정도 됐어요.

③ **шахам** 거의 ~에 가까운

Ангид гуч шахам хүүхэд байна.

교실에는 거의 30명에 까까운 아이들이 있습니다.

Монголд ирээд хоёр жил шахам болж байна.   몽골에 온지 거의 2년 되어 가요.

3) 소유격 + **төлөө** ~ 위하여

Амжилтын төлөө бүгд хичээнэ.   성공을 위하여 모두가 노력한다.

Заримдаа ажлын төлөө унтахгүй ажиллана.

가끔은 일을 위해 잠을 안자고 일한다.

4) 소유격 + **тулд** ~ 위해서

Үүнийг хийхийн тулд сайн багаж хэрэгтэй.

이것을 하기 위해서 좋은 도구가 필요합니다.

Дуулахын тулд хоолойны дасгал хийх хэрэгтэй.

노래를 부르기 위해서 목을 풀어야 합니다.

5) 소유격 + **турш** ~ 동안

Хоёр жилийн турш үүнийг сурсан.   2년 동안 이것을 배웠어요.

Замын турш юм ярьсангүй.   길을 가는 동안 아무 것도 말하지 않았다.

 **핵심회화**

01

A : Та Хөвсгөл нуурын тухай сонсож байсан уу?

당신은 헙스걸 호수에 대해 들은 적이 있어요?

B : Сонссон. Их үзэсгэлэнтэй нуур гэж сонссон.

들었어요. 아주 아름다운 호수라고 들었어요.

A : Улаанбаатараас Хөвсгөл нуур хүртэл хэдэн цаг явах бол?

울란바타르시에서 헙스걸 호수까지 몇 시간 갈까요?

B : Долоо, найман цаг орчим явах байх аа.

7, 8시간 정도 갈 것 같아요.

02

A : Энэ угаалгын газар хэдэн цагт хаадаг вэ?

이 세탁소는 몇 시에 문 닫아요?

B : Өдөр бүр хорин дөрвөн цагийн турш ажилладаг.

매일 24시간 내내 영업해요.

A : Шөнийн цагаар ажилтан нь байх уу?

밤 시간에는 직원이 있나요?

B : Шөнийн цагаар бол өөртөө үйлчилдэг юм.

밤 시간에는 셀프 서비스 해요.

연습문제

01 보기 에서 알맞는 것을 골라 문장을 완성하세요.

> 보기   төлөө   тулд

1. Хүүхдүүдийнхээ _____ юу ч хийж чадна.

2. Миний өвөө эх орныхоо _____ Халх голд байлдаж явсан.

3. Би хурдан харихын _____ таксинд суулаа.

4. Би сүү авахын _____ И-март дэлгүүр лүү явлаа.

5. Байгаль орчныхоо _____ гялгар уутнаас татгалзая.

6. Тэр найзынхаа _____ холоос яаран гүйж иржээ.

7. Үнэнийг мэдэхийн _____ чамаас лавламаар байна.

연습문제

02 보기 에서 알맞는 것을 골라 문장을 완성하세요.

> 보기   өмнө   хойш   дараа

1. Хичээл дуусахын _____ багш даалгавар өгөв.

2. Хонх дуугарснаас _____ хичээл орсоор байлаа.

3. Хонх дуугарсны _____ хичээл эхлэв.

4. Хоол идэхийн _____ энэ эмийг уугаарай.

5. Хоол идсэний _____ шүдээ угаагаарай.

6. Нар мандсанаас _____ замд гарсан.

03 다음 문장을 한국어로 해석하세요.

1. Биеийн тамирын зааланд арав гаруй залуучууд цуглажээ.
   _____

2. Ангид тав зургаа орчим хүүхдүүд хичээлээ хийж байна.
   _____

3. Хоёр улс харилцаа тогтооснoос хойш гуч гаруй жил болж байна.
   _____

4. Би арав шахам жилийн өмнө Солонгост ирсэн.
   _____

5. Талд хорь орчим адуу бэлчиж байна.
   _____

04 보기 에서 알맞는 것을 골라 문장을 완성하세요.

보기   турш   орчим   шахам

1. Би арав _____ жил архи огт уугаагүй.

2. Чи хэдэн цаг _____ Баттай хамт байсан бэ?

3. Өдрийн _____ хоол ч идэлгүй ажлаа хийлээ.

4. Хоёр өдрийн _____ энэ ханыг будлаа.

5. Тэр түүнтэй насан _____ хамт амьдрах хүсэлтэй.

6. Гадаа гудамжинд хорь _____ хүн цугларчээ.

주제별 어휘 및 표현

몽골의 명절과 기념일

몽골은 전통적인 명절(баяр)과 국경일 등 주요 기념일(тэмдэглэлт өдрүүд)을 특별한 날로 여기며 중시한다. 이날은 주변 사람들과 인사를 나누며 서로 친분을 돈독히 하며 기념한다.

[몽골의 명절 및 국경일]

01.01	**Шинэ жил** 신년	**Шинэ оны мэнд хүргэе!** 새해 복 많이 받으세요.
(-)01.01 **Хаврын эхэн сар** 봄의 첫 달	**Цагаан сар** 설날	**Амар байна уу?** 평안하십니까? **Сайхан шинэлж байна уу?** 설날 명절 잘 쇠고 계십니까?
07.11 ~07.13	**Үндэсний их баяр наадам** 국가 대축제, 나담	**Сайхан наадаж байна уу?** 나담 축제 잘 지내고 계십니까?
(-)10.01.	**Монгол бахархлын өдөр** 몽골민족 기상의 날 (**Чингис хааны мэндэлсэн өдрийн баяр** : 칭기스칸 탄신일)	1162년 (гуравдугаар жарны усан морин жил) 10월 01일 (өвлийн тэргүүн сарын шинийн 1-ний өдөр)
11.26.	**Монгол улс тунхагласны баяр** 몽골 국가 선포의 날	1924년 11월 26일

[주요 기념일]

02.07.	Багш нарын өдөр 스승의 날	Баярын мэнд хүргэе! 축하합니다!
02.14.	Гэгээн Валентины өдөр 발렌타인데이	
03.08.	Олон улсын эмэгтэйчүүдийн өдөр 세계 여성의 날	
03.18.	Монгол цэргийн өдөр 몽골 군인의 날, 남성의 날	
04.01.	Олон улсын инээдмийн өдөр 만우절	
05.15.	Гэр бүлийн өдөр 가정의 날	
06.01.	Эх үрсийн баяр 모자(母子)의 날	
10.05.	Монголын оюутны өдөр 몽골 대학생의 날	
12.25.	Зул сарын баяр 성탄절, 크리스마스	

[국경일 관련 표현]

A. Чингис хааны төрсөн өдрийн мэнд хүргэе! 칭기스칸 탄신일 축하드립니다!

B. Баярлалаа, танд бас. 감사합니다, 당신도요.

Тэмдэглэл

Хичээл **29**

Хүнсний захын хүнс шинэ бас хямд байх шүү.

식료품 시장의 식품은 신선하고 또한 저렴할 것 같네요.

학습 내용

첨사

본문

Мин Ху	Та өнөөдөр хүнсний зах руу явах уу?
Ану	Тийм.
	Би үдээс хойш хүнсний зах руу явах гэж байна.
Мин Ху	За. Сайн юм боллоо.
	Би тантай хамт явж болно биз дээ.
Ану	Болно оо. Үдээс хойш гурван цагт хамт явах уу?
Мин Ху	За. Хүнсний захын хүнс шинэ бас хямд байх шүү.
Ану	Тийм шүү. Би бас дандаа хүнсний захаас юм авдаг.
Мин Ху	Хүнсний захад төлбөрөө бэлэн мөнгөөр хийх үү?
Ану	Ер нь л тэгнэ шүү.

본문해석

민호	당신은 오늘 식료품 시장으로 갈 겁니까?
아노	네, 나는 오후에 식료품 시장으로 가려고 해요.
민호	네. 잘 됐습니다. 제가 당신과 같이 가도 되는 거지요.
아노	되지요. 오후 3시에 같이 갈까요?
민호	네. 식료품 시장의 식품은 신선하고 또한 저렴할 것 같네요.
아노	맞아요. 나도 항상 식료품 시장에서 물건을 사요.
민호	식료품 시장에서 결제는 현금으로 합니까?
아노	보통은 그렇게 해요.

хүнсний зах 식료품 시장 **явах гэж байх** 가려고 하다 **сайн юм болох** 잘 되다
үдээс хойш гурван цагт 오후 3시에 **хүнс** 식품 **шинэ** 신선한 **бас** 또는/또한 **хямд** 저렴하다
дандаа 항상 **юм авах** 물건을 사다 **төлбөр** 결제/계산 **бэлэн мөнгө** 현금
бэлэн мөнгөөр хийх 현금으로 결제하다 **ер нь** 보통

핵심문법

01 첨사

– 주로 구어체 문장에서 사용하며 화자의 견해나 태도 등을 나타내는 기능을 한다.

1) 의문첨사

– 의문첨사들은 『몽골어1』 2과와 3과에서 자세히 살펴 보았다.

① **уу/үү** 의문사가 없는 의문문에 사용

Сайн уу? 안녕?
Энэ ном уу? 이것은 책입니까?

② **юу/юү** 의문사가 없는 의문문에 사용

Энэ ширээ юү? 이것은 책상입니까?
Тэр харандаа юу? 저것은 연필입니까?

③ **бэ/вэ** 의문사가 있는 의문문에 사용

Багш хаана байна вэ? 선생님은 어디에 계십니까?
Таны нэр алдар хэн бэ? 당신의 성함은 무엇입니까?

몽골 식료품 시장

핵심문법

2) 부정첨사

- 부정첨사 'үл'과 'эс' 는 주로 문어에서 사용한다. '아니다', '않다' 라는 부정의 의미를 나타낸다

① **үл**

Энд тамхи татаж үл болно. 여기에서 담배를 피면 안됩니다.

Энд сууж үл болно. 여기에 앉으면 안됩니다.

② **эс**

Тэр эс мэджээ. 그는 몰랐다.

Хятадаар асуухад тэр хятад хэлийг эс мэджээ.
중국어로 물어보니 그는 중국어를 몰랐다.

3) 금지첨사

- 금지첨사 'битгий'과 'бүү' 는 주로 문어에서 사용한다. '~지 말다' 라는 금지의 의미를 나타낸다.

① **битгий**

Та битгий архи уу. 당신 술마시지 마.

Олон хүнтэй газар битгий яв. 많은 사람이 있는 곳에 가지 마.

② **бүү**

Архи бүү уу. 술 마시지 마.

Тамхи бүү тат. 담배 피지 마.

4) 보조(강조)첨사

① **л** ~만

Өнөөдөр ганцхан чи л иржээ. 오늘 오직 너만 왔다.
Өнөөдөр л тэр иржээ. 오늘만 그가 왔다.

② **ч** ~도

Би ч оюутан. 나도 대학생이다.
Тэр оюутан ч биш, сурагч ч биш. 그는 대학생도 아니고, 학생도 아니다.

*참고 : 'ч'는 'бас' 또는 'гэсэн' 과 함께 쓰기도 한다.

ч бас / ч гэсэн ~도 (또한)
Би ч бас оюутан. 나 또한 대학생이다.
Та ч гэсэн оюутан уу? 당신도 대학생입니까?

5) 양태첨사

① **биз** 확인

Чиний бие зүгээр биз? 네 건강은 괜찮은 거지?
Ээж чинь сайн биз? 어머니는 좋으시지? (별 일 없으시지?)

② **биз дээ** 재확인

Чиний бие сайн биз дээ? 네 건강은 좋은 거 맞지?
Танайхан сайн сууж байгаа биз дээ? 당신 가족들은 잘 살고 있는 거 맞죠?

③ **даа**[4] 다짐

Өнөөдөр хурдан хийгээд дуусгана даа. 오늘 빨리 하고 끝낼 것이다.
Та үүнийг сайн хар даа. 당신은 이것을 잘 보야할 것이다.

④ **шүү** 주의 환기

Би явлаа шүү. 나는 갑니다.
Тэр ирнэ гэсэн шүү. 그가 온다고 했다네요.

⑤ **шүү дээ** 단언

Тэр их ухаантай гэсэн шүү дээ. 그는 매우 똑똑하다고 했잖아요.
Тэр цагтаа амжиж ирсэн шүү дээ. 그는 정시에 맞춰 왔잖아요.

 핵심회화

01

A : Маргааш баярт чи ирнэ биз дээ?
내일 축제에 너 올 거지?

B : Маргааш би өөр ажилтай. Очиж чадахгүй л байх.
내일 나는 다른 일이 있어. 못 갈 것 같은데.

A : Ямар ажил гарсан бэ?
무슨 일이 생겼어?

B : Маргааш манай гэрийнхэн өвөөгийнд очиж, өдрийн хоол иднэ.
내일 우리 가족은 할아버지 댁에 가서 점심 식사할 거야.

02

A : Энэ удаагийн шалгалт их хэцүү байлаа.
이번 시험이 많이 어려웠어요.

B : Тийм шүү. Мэдэхгүй асуулт их байлаа.
맞아요. 모르는 문제가 많이 있었어요.

A : Дараагийн шалгалтандаа заавал сайн бэлдэнэ дээ.
다음 시험에 꼭 잘 준비할 거예요.

B : Тэгье. Хоёулаа хамт шалгалтандаа бэлдэнэ шүү.
그래요. 우리 둘이 함께 시험 준비를 해요.

연습문제

01 보기 에서 알맞는 첨사를 골라 문장을 완성하세요.

> 보기   шүү   шүү дээ   биз   биз дээ   даа[4]

1. Чи үүнийг заавал унших ёстой _____.

2. Тэр өнөөдөр заавал очно гэсэн _____.

3. Монгол руу явбал дулаан хувцас ч хэрэгтэй _____.

4. Үнэндээ бол миний буруу _____.

5. Тэнд аюултай гэж би чамд хэлээд байна _____.

6. Та солонгос хүн мөн _____.

7. Хурдан ирнэ _____. Би хүлээж байх болно.

02 보기 에서 알맞는 첨사를 골라 문장을 완성하세요.

| 보기 | биш | үл | эс | битгий | бүү |

1. Түүний яриаг _____ сонс.

2. Та _____ сандраарай.

3. Тэр улсын их хурлын гишүүн _____ л дээ.

4. Бичиг үсэг _____ мэдэх явдлыг халнa.

5. Тамхи _____ тат.

6. Түүний үгийг _____ ойшоов.

7. Гар _____ хүр.

8. Хог _____ хая.

연습문제

03 다음 문장을 한국어로 해석하세요..

1. Өнөөдрийн хичээлд та л ирсэнгүй.

   _____.

2. Өнөөдрийн хичээлд л тэрирээгүй.

   _____.

3. Өнөөдрийн хичээлд ч тэр ирээгүй.

   _____.

4. Өнөөдрийн хичээлд тэр ч ирээгүй.

   _____.

5. Энэ талд уул ч үгүй, ус ч үгүй юм.

   _____.

04 다음 대화의 빈칸에 알맞는 첨사를 넣어 문장을 완성하세요.

1. Бат аа! Чи маргааш заавал ирнэ _____?

   Тэгнээ. Би маргааш заавал очно _____.

   Харин чи хоолоо хийчихээд хүлээж байгаарай.

2. Энд Мин Ху_____, Сү Жи _____ алга.

   Тэр хоёр сая байсан _____.

3. Интернэт тоглоом _____ их тоглооч.

   Нүдний хараа чинь муудна _____.

   За, ээж ээ. Би одоо дууслаа.

4. Хоолоо _____ асга.

   Би асгаагүй _____ .

주제별 어휘 및 표현

몽골의 유명 관광지

몽골은 광활한 영토 안에 각 지역별로 독특한 자연환경과 아름다운 풍경을 가지고 있다. 몽골 여행을 계획할 때 우선적으로 고려해 볼 만한 대표적인 관광 명소를 소개하면 다음과 같다.

[반드시 가봐야 할 몽골 명소]

몽골의 관광 명소
1. Хөвсгөл далай 헙스걸 호수
2. Алтай таван богд уул 알타이 타왕복드 성산(聖山)
3. Шаргалжуутын рашаан 샤르갈조트 온천
4. Алтан ташуур цогцолбор 황금채찍(알탕 타쇼르) 관광단지(칭기스한 동상)
5. Амарбаясгалант хийд 아마르바야스갈란트 사원
6. Тэрхийн цагаан нуур 테르힝 차강 노르 호수
7. Хорго 허르고 화산 분화구
8. Гурван цэнхэрийн агуй 고르왕 쳉헤르 동굴
9. Увс нуур 옵스 호수
10. Хөшөө цайдам музей 허셔 차이담 박물관
11. Манзушир хийдийн туурь 만주시르 사원터
12. Хархорум хот, Эрдэнэ зуу хийд 하르호름, 에르덴조 사원

[여행 관련 표현]

A. Танайх энэ зуны амралтараа хаашаа явах вэ?
　당신들은 이번 여름휴가 때 어디로 갈 거예요?

B. Манайх энэ зун Хөвсгөл нуур луу явах санаатай байна.
　우리들은 이번 여름에 헙스걸 호수로 갈 생각입니다.

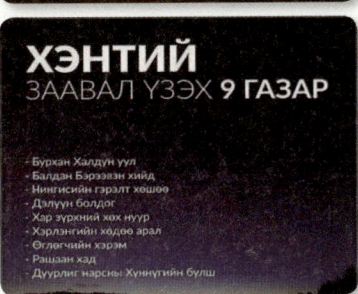

Тэмдэглэл

Хичээл 30

Тийм учраас морь сайн унадаг.

그렇기 때문에 말을 잘 탑니다.

학습 내용

접속사

 **본문**

Мин Ху	Монголчууд морь сайн унадаг уу?
Ану	Тийм. Монголчууд багаасаа морьтой ойрхон өсдөг. Тийм учраас морь сайн унадаг.
Мин Ху	Та багадаа морь унаж байсан уу?
Ану	Би багадаа өвөөгийндөө очоод морь унадаг байсан. Гэхдээ морь унахдаа тийм сайн биш.
Мин Ху	Надад хурдан морины уралдаан хамгийн гоё санагдсан.
Ану	Хурдан морины уралдаанд хүн бүр дуртай.
Мин Ху	Жил бүр хурдан морины уралдаан болдог уу?
Ану	Тийм. Жил бүр Наадмын баяраар хурдан морь уралддаг.

본문해석

민호	몽골 사람들은 말을 잘 탑니까?
아노	네. 몽골 사람들은 어렸을 때부터 말과 가까이 자라요. 그렇기 때문에 말을 잘 타요.
민호	당신은 어렸을 때부터 말을 탔어요?
아노	나는 어렸을 때 할아버지 댁에 가서 말을 탔어요.
	그런데 그렇게 (말을) 잘 타지는 않아요.
민호	저는 말경주 대회가 가장 좋았습니다. (인상적이었습니다)
아노	말경주 대회는 모든 사람이 좋아해요.
민호	말경주 대회는 매년 열립니까?
아노	네. 매년 나담 축제 때 경주마가 경기를 해요.

уралдаан 대회/경주/경기 **хамгийн** 가장/제일 **гоё** 좋다 **сайн унах** 잘 타다 **уралдах** 경주하다

핵심문법

01 접속사

1) ба / болон 와 : 단어 사이에 사용

Бат ба Мин Ху ууланд явсан. 바트와 민호가 산에 갔어요.

Монгол хэлний дүрмийн болон ярианы ном байна уу?
몽골어 문법과 회화 책이 있어요?

2) бөгөөд 와 / ~고 : 문장 사이에 사용

Энэ жүүс амттай бөгөөд хүний биед сайн.
이 주스는 맛이 있고 또한 사람 몸에 좋아요.

Манай анги цэвэрхэн бөгөөд саруул. 우리 교실은 깨끗하고 넓어요.

3) буюу 또는 / 즉 / ~인

Бид маргааш буюу арван хоёрдугаар сарын долоонд уулзана.
우리는 내일, 즉 12월 07일에 만날 것입니다.

Хүүхдүүд эх хэл буюу монгол хэлийг сайн сурдаг.
아이들은 모국어인 몽골어를 열심히 배웁니다.

4) харин 그러나, 하지만, 그런데

Өнөөдөр амралтын өдөр. Харин би монгол хэлний хичээлтэй.
오늘은 휴일입니다. 그러나 저는 몽골어 수업이 있어요.

Би Мин Хутай хамт кино үзнэ. Харин та юу хийх вэ?
저는 민호와 같이 영화 볼 거예요. 그런데 당신은 뭘 할 거예요?

핵심문법

5) гэвч 그러나, 하지만

Бид кафед сууж юм ярих дуртай. Гэвч одоо коронагаас болоод чадахгүй.
우리는 카페에 앉아 이야기하는 것을 좋아한다. 그러나 지금은 코로나로 인하여 하지 못한다. (못 간다)

Манай дүү тоо сайн боддог. Гэвч англи хэлэндээ сайн биш.
우리 동생은 수학을 잘 합니다. 그러나 영어는 잘 못합니다.

6) гэхдээ 그런데

Мин Ху монголоор алдаагүй сайн бичжээ. Гэхдээ гоё бичих хэрэгтэй байна. 민호는 몽골어로 오자 없이 잘 썼어요. 그런데 글자를 예쁘게 쓸 필요가 있어요.

Би өчигдөр энэ дууг сурсан. Гэхдээ үгийг нь сайн цээжлээгүй байна. 나는 어제 이 노래를 배웠어요. 그런데 가사를 잘 외우지 못하고 있어요.

7) тийм учраас 그렇기 때문에

Туяа Солонгост ахлах ангид байхдаа ирсэн. Тийм учраас солонгос хэлээр маш сайн ярьдаг.
토야는 한국에 고등학교 때에 왔어요. 그렇기 때문에 한국어를 아주 잘 해요.

Манай нутаг өвөл их хүйтэн. Тийм учраас бид дулаан хувцас өмсдөг. 우리 고향은 겨울에 많이 추워요. 그렇기 때문에 우리는 따뜻한 옷을 입어요.

8) тиймээс   그래서, 따라서

Өвөл эрт харанхуй болдог. Тиймээс бидний ажил эрт тардаг.
겨울은 일찍 어두워져요. 그래서 우리의 일이 일찍 끝나요.

Бид хичээлээ маш сайн давтсан. Тиймээс шалгалтаа сайн өгч чадсан. 우리는 수업을 아주 잘 복습했어요. 그래서 시험을 잘 볼 수 있었어요.

9) тэгээд   그리고

Маргааш би Мин Хутай уулзана. Тэгээд эгчийн гэрт очно.
내일 난 민호를 만날 거예요. 그리고 누나 집으로 갈 거예요.

Өглөө дүүгээ цэцэрлэгт хүргэж өгсөн. Тэгээд сургуульдаа явсан.
아침에 동생을 유치원에 데려다 주었어요. 그리고 학교로 갔어요.

10) тэгвэл   그러면

Чи монголоор уншиж өгөөрэй. Тэгвэл би сонсоод бичиж чадна.
네가 몽골어로 읽어 줘. 그러면 내가 듣고 받아 쓸 수가 있어요.

Тэгвэл хоёулаа хамт хийе. 그러면 우리 둘이 같이 해요.

11) яагаад гэвэл   왜냐하면

Мин Ху сайн дуулдаг. Яагаад гэвэл түүний аав дууны багш.
민호가 노래를 잘 해요. 왜냐하면 그의 아버지가 음악 선생님이에요.

Би маргааш оройтно. Яагаад гэвэл манай анги урлагийн үзлэгтэй. 나는 내일 늦어요. 왜냐하면 우리 반 학예회가 있어요.

 핵심회화

01

A : Өнөөдөр амралтын өдөр үү?

오늘은 휴일이에요?

B : Тийм. Өнөөдөр бямба гараг.

네. 오늘은 토요일이에요.

A : Тэгвэл Бат яагаад хичээлдээ явсан бэ?

그러면 바트는 왜 학교에 갔나요?

B : Өнөөдөр түүний хичээл нөхөн орж байгаа.

오늘 그의 수업이 보강을 해요.

02

A : Энэ удаагийн аяллыг гэнэт төлөвлөжээ.

이번 여행은 갑자기 계획되었네요.

B : Тийм ээ, ангийнхан цаг заваа ярилцаж байгаад төлөвлөсөн.

네, 동창들이 (여유) 시간을 이야기하다가 (이렇게) 계획했어요.

Гэхдээ явж чадахгүй хүмүүс бас бий. Та явах уу?

그런데 못 가는 사람들도 있어요. 당신은 (같이) 가요?

A : Би аялалд явах боломжтой. Ажлаа зохицуулна аа.

나는 여행에 갈 수 있어요. 일을 조정할거예요.

B : Тэгвэл таныг явна гэж бүртгэе.

그러면 당신이 간다고 등록할게요.

연습문제

01 다음 보기 에서 접속사를 골라 문장을 완성하세요.

> 보기   тэгээд   тэгвэл

1. Тэр өчигдөр ууланд даарсан. _____ ханиад хүрчээ.

2. Монгол руу явбал дулаан хувцас хэрэгтэй.

   _____ дулаан хувцсаа бэлдэнэ.

3. Үнэндээ бол миний буруу.

   _____ уучлал гүй даа.

4. Тэнд аюултай гэж би чамд хэллээ шүү.

   _____ явахгүй байх уу?

5. Та солонгос хүн үү? _____ та БиТиЭс-ийг сайн мэдэх байх даа.

연습문제

02 보기 에서 알맞는 접속사를 골라 문장을 완성하세요.

> 보기   гэвч   гэхдээ   харин

1. Найз нь түүнд олон удаа хэлсэн. _____ түүний үгийг сонссонгүй.

2. Би монголоор сайн ярьж чадна. _____ Монголд очиж үзээгүй.

3. Тэр завтай. _____ өнөөдрийн хуралд оролцохгүй гэнэ.

4. Эгч их ажилтай. _____ англи хэлийг шамдан сурч байна.

5. Би тамхи татдаггүй. _____ миний ах татдаг.

6. Тэр эмч болно гэж боддог байсан. _____ багш болжээ.

7. Олон хүүхэд цугларчээ. _____ томчуул бараг алга.

8. Цас орж байна. _____ дулаан байна.

03 두 문장 사이에 알맞는 접속사를 보기 에서 골라 쓰세요.

> **보기** гэвч   тийм учраас   тэгээд   харин

1. Бат шатар сайн тоглодог. Бат даам сайн тоглодоггүй.

   _____

2. Би хятад хэл мэдэхгүй. Би түүний яриаг ойлгоогүй.

   _____

3. Бид маргааш аялалд эрт гарна. Та нар аялалдаа сайн бэлдээрэй.

   _____

4. Би Мин Хутай уулзана. Дараа нь хамт хоол иднэ.

   _____

5. Би удахгүй очно. Би ганцаараа очно шүү.

   _____

연습문제

04 다음 한국어 문장을 몽골어로 쓰세요.

1. 날이 밝아요. 하지만 추워요.

2. 우리는 맛있는 음식을 먹었습니다. 그리고 커피숍에도 갔습니다.

3. 바트는 한국어를 잘합니다. 그러나 영어는 못합니다.

4. 눈이 내렸지만 안 추워요.

5. 내일은 우리 엄마 생신입니다. 그래서 생일 선물을 준비해야 합니다.

주제별 어휘 및 표현

몽골의 생활 금기

몽골은 사람들 간의 관계에서 엄격한 예의와 격식을 매우 중시하며, 동시에 반드시 지켜야 할 금기들이 있다. 여기서는 몽골 유목민 문화에서 유의해야 할 금기들을 소개하기로 한다.

[몽골에서 주의해야 할 금기]

몽골에서 주의해야 할 금기
1. Айл нохойгоо хорихгүй, гэрээс хүн гарч угтаагүй бол заавал буух, орох гэж зүтгэхийг цээрлэнэ. 방문한 가정의 개를 붙잡아 두지 않거나 사람이 나와 마중하지 않으면 말에서 내리거나 집으로 들어가는 것을 금기한다.
2. Айлд эд юм, бэлэг хүргэж яваа хүн түүнийгээ доод талдаа тавихыг цээрлэнэ. 방문한 가정에 선물을 준비한 사람은 그것을 아래 부분에 놓는 것을 금기한다.
3. Айлд өвдгөө салаавчлах, хөлөө ачиж суухыг цээрлэнэ. 방문한 가정에서 무릎을 꼬거나 다리를 포개어 앉는 것을 금기한다.
4. Айлд нөмгөн (бүсээ бүслээгүй) орохыг цээрлэнэ. 방문한 가정에 허리띠를 하지 않고 들어가는 것을 금기한다. (미망인이거나 슬픈 일을 당했을 때는 가능)
5. Айлчилж хонох хүн гэрийн эздээс ор дэвсгэр засаж өгөөгүй байхад хувцсаа тайчин хэвтэхийг цээрлэнэ. 방문한 가정에서 묵게 될 경우에 집주인이 침대를 정리해 주지 않았는데 옷을 벗고 눕는 것을 금기한다.
6. Айлын тулга, зуухыг өшиглөхийг цээрлэнэ. 방문한 가정의 난로를 밟는 것을 금기한다.
7.Ална гэдэг үгийг хамаа бус хэлэхийг цээрлэнэ. 죽인다는 말을 함부로 하는 것을 금기한다. (가축 도살할 때)
8. Алгаа хамаа бус хүнд үзүүлэхийг цээрлэнэ. 손바닥을 아무에게나 보여주는 것을 금기한다.
9. Алтан гадас одны зүг харж гадаалах (морь харах)-ыг цээрлэнэ. 북극성 쪽으로 볼일 보는 것을 금기한다.

주제별 어휘 및 표현

몽골에서 주의해야 할 금기

10. Буурь сэлгэн нүүж буй айл гэрийн бууриа цэвэрлэлгүй орхихыг цээрлэнэ.

집터를 바꿔 이사할 때는 게르의 터를 청소하지 않고 방치하는 것을 금기한다.

11. Буурин дээрээ яс үлдээхийг цээрлэнэ.

집터에 뼈를 남기는 것을 금기한다.

12. Бэлэг сэлт хүргэхдээ сондгой тоотой эд юм өгөх (3,9-өөс бусад) өргөхийг цээрлэнэ.

선물을 줄 때 홀수로 주는 것을 금기한다. (3의 배수는 예외)

13. Гэр барьж байгаатай таараад унь өлгөлцөлгүй, дээвэр тавихад туслалгүй явахыг цээрлэнэ.

게르를 짓고 있는 사람을 만났을 때, 서까래를 걸치거나 지붕을 얹는 것을 도와주지 않는 것을 금기한다.

14. Дээл хувцсан дээгүүр алхаж гарахыг цээрлэнэ.

옷 위로 밟고 지나가는 것을 금기한다.

예의와 격식을 중시하는 몽골 유목민

연습문제 정답

정답

Хичээл 16

01.
1. Чи сургуульдаа юугаар ирсэн бэ?
2. Талхыг юугаар хийдэг вэ?
3. Чи хаагуур аялсан бэ?
4. Чи өчигдөр Сэжун хотод хэдийгээр ирсэн бэ?
5. Чи цүнхээ хэдээр зарах вэ?

02.
1. -д
2. -г
3. -д
4. -ээр
5. -аас
6. -оор
7. -ээс
8. -ээр

03.
1. Кимчи жигэг кимчи, гахайн махаар хийдэг.
2. Гурилаар талх хийдэг.
3. Солонгост нэвэр сайтаар хамгийн их хайлт хийдэг.
4. Солонгосчууд нетфлэкс сайтаар видео үзэх дуртай.
5. Солонгос оюутнууд голдуу автобус болон метрогоор сургуульдаа ирдэг.

04.
1. ②
2. ③

Хичээл 17

01.
1. захирлууд
2. хаад
3. нохос
4. шүтээнүүд
5. боксчид
6. эмч нар
7. жолооч нар
8. хөл бөмбөгчид
9. барилгачид
10. номын санчид

02.
1. аавууд
2. эмч нар
3. охидууд
4. компьютерууд
5. шувууд
6. номнуудаа

03.
1. Сөүлд өндөр байшингууд байдаг.
2. Энэ байранд залуу хосууд амьдардаг.
3. Түүнд өнгө өнгийн нүдний шилнүүд байдаг.
4. Шөнийн тэнгэрт одод олон байдаг.
5. Дүүгийн өрөөнд чихмэл тоглоомууд байна.
6. Солонгост үндэсний компаниуд байдаг.
7. Хөргөгчин дотор кофенууд байгаа.
8. Цэцэрлэгт хүүхдүүд байдаг.

04.
1. ③
2. ②

Хичээл 18

01.
1. хаашаа
2. хэн рүү
3. юу руу
4. хаашаа
5. хаашаа

02.
1. Бат одоо хэдэн настай вэ?
2. Батыг Мин Хутай хэн танилцуулсан бэ?
3. Мин Ху хаанаас ирсэн бэ?
4. Та найзтайгаа хаашаа явсан бэ?
5. Хэн цонх руу ойртов?
6. Та хэзээ гэр лүү харимаар байна?

03.
1. дүүгийн
2. уул руу
3. ахад
4. морьтой
5. надтай
6. сургуулийн, цагаас

04.
1. ②
2. ③
3. A. Тийм. Тэр ганцаараа Дүрслэх урлагийн музей үзсэн.
   B. Дараа тэр найзтайгаа хамт музей явна.

Хичээл 19

01.
1. болно
2. чадна
3. болно
4. чадна/ чадахгүй
5. болохгүй
6. чадахгүй
7. чадна
8. болохгүй

02.
1. Тэр цанаар гулгаж чадах уу?
2. Та маргааш надтай уулзаж чадах уу?
3. Бид кафед орж болох уу?
4. Одоо олон хүнтэй газар очиж болох уу?
5. Тэд монголоор сайн ярьж чадах уу?
6. Өрөөнд тамхи татаж болох уу?
7. Үзмэрт гар хүрч болох уу?
8. Би эхлээд явж болох уу?

03.
1. Энд гадны хүн орж болохгүй.
2. Тэр ганцаараа кимчи хийж чадна.
3. Солонгос руу одоо онгоцоор очиж болно.
4. Та энд сууж болно.
5. Эндээс аавын гэр хүртэл автобусаар явж болно.
6. Батын ах усанд сайн сэлж чадахгүй.

04.
1. ①
2. ②
3. Тэр хоёр өчигдөр номын сан руу явсан.

Хичээл 20

01.
1. үзэж
2. яриад
3. ирээд
4. идээд
5. өгч
6. ярьчихаад
7. бичээд

02.
1. Ээж хоол хийж, би гэрээ цэвэрлэв.
2. Багш асуулт асууж, Мин Ху хариулав.
3. Өвөө унтаж, эмээ найзтайгаа ярьж байна.
4. Бат манайд эрт ирээд, орой явлаа.
5. Маргааш тэд хотод ирээд, тусгаарлана.
6. Мин Ху дуу дуулж, Сү Жи төгөлдөр хуур тоглоно.

정답

03.
1. Авга ах зурагт үзэв. Дүү нар компьютер тоглов.
2. Багш надад номоо өгөв. Би түүнийг авав.
3. Бид үдийн хоолоо идэв. Тэгээд нуур тойрч алхав.
4. Анчид нохойгоо дагуулав. Морьтойгоо уул өөд гарав.
5. Уудам талыг цас хучив. Хүйтэн өвөл эхлэв.

04.
1. Хүүхдүүд тоглоомын талбайд тоглож, хөгшид шатар тоглож байна.
2. Хөнгөн хооллоод жүжиг үзлээ.
3. Би сургуулиас ирээд гэртээ хоолоо идсэн.
4. Өнөөдөр бид уншиж, бичиж, цээжилсэн.
5. Коронавирусын шинжилгээ өгөөд гэртээ харив.

Хичээл 21

01.
1. хичээллэвэл
2. уувал
3. ирвэл
4. бол
5. байвал
6. тусвал
7. хүйтэрвэл
8. авбал

02.
1. байвч
2. бодогдовч
3. хүсэвч
4. боловч
5. хүлээвч
6. хүсэвч

03.
1. дулаарвал
2. боловч
3. бол
4. байвал
5. зөвшөөрвөл
6. очвол

04.
1. ②
2. ③

Хичээл 22

01.
1. Авга ахынх.
2. Монгол Улсынх.
3. Минийх.
4. Манай ангийнх.
5. 12 сарын хоёрных.

02.
1. Туяагийнх хотын төвд байдаг.
2. Тэднийх манайхаас холгүй.
3. Манай гэрийнхэн таныг хүлээж байна.
4. Энэ сургуулийнхан удахгүй баяраа хийнэ.
5. Би чиний цамц биш, Батынх.
6. Болдынхон хөдөө амьдардаг.

03.
1. 우리 회사 사람들은 오늘 저녁 식사를 함께 할 것입니다.
2. 바트네 가족들은 모두 모였습니다.
3. 당신이 이 사과를 가족들에게 주세요.
4. 너희네 반 친구들이 1층에 있습니다.
5. 형네 가족은 오늘 기차로 여행을 갔다.

04.
1. ирээч
2. өмсөөч
3. өгөөч

4. тавиач
5. орооч
6. татаач
7. үзээч

3. Өдийд голын ус хөлдсөн байх.
4. Өнөөдөр бороо орох байх.
5. Энд дандаа нартай байдаг байх.
6. Тэр өнгөрсөн өвөл Солонгос яваад ирсэн байх.

Хичээл 23

01.
1. Зурагтаар "Коронавирусын халдвар их байна" гэж ярилаа.
2. Ах "Маргааш ирнэ" гээд явлаа.
3. Бат "Надад монгол хэлний тайлбар толь бичиг хэрэгтэй" гэж хэлсэн.
4. Чи "Өвлийн улирлын шалгалт эхэлнэ" гэдгийг мэдэж байна уу?
5. Ээж "Надад хурдан туслаач" гэж хэллээ.

02.
1. Би найзтайгаа уулзах гэж хотын төв рүү явлаа.
2. Тэд монгол хэл сурах гэж Улаанбаатар хотод ирсэн.
3. Бат хичээлээ хийх гээд номын санруу явлаа.
4. Би чамаас юм асуух гээд хүлээж байна.
5. Бид хоёр пиво уух гэж "Их Монгол"-д очлоо.
6. Чамтай утсаар холбогдох гэж өдрөөс хойш залгалаа.

03.
1. Бат ном авна гэснийг би сонссонгүй.
2. Ээж дэлгүүрт очиж талх аваад ирье гээд гарлаа.
3. Та энэ алимыг гэрийнхэндээ өгөөрэй гээд Туяа явлаа.
4. Бат онгоцны буудал явж ахыгаа тосно гэсэн.
5. Туяа амрахаар явлаа гээд явсан байна.

04.
1. Ах ирэх долоо хоногт явах байх.
2. Тэр сэтгүүлч байх.

Хичээл 24

01.
1. Тэр хурал оройтож эхэлжээ. Би сая сонслоо.
2. Бороо дээлийг норгов.
3. Манай хүү багадаа нохойноос айдаг байсан.
4. Бат миний дэвтрийг энд тавьсан уу?
   Тавьж.
5. Энд ирж суурьшаад хэдэн жил өнгөрчээ. Бат тэгж хэллээ.
6. Гэрийн даалгаварт юу өгсөнбэ?

02.
1. Өчигдөр Бат танай ажил дээр очиж уу?
   Тэгжээ. Тэр очжээ.
2. Мин Ху Сөүл рүү автобусаар явж уу?
   Тэгж. Тэр автобусаар явжээ.
3. Багш Дархан явав уу?
   Явсан.
4. Туяа өнөөдөр онлайнаар хичээлээ хийж үү?
   Үгүй. Тэр сургууль дээрээ очиж хийжээ.
5. Тэр Сэжун хотоос гарч уу?
   Тэр өдөр гарсан гэнэ.
6. Би хуучин номын дэлгүүрээс гурван ном авсан. Чамд хэрэгтэй юу?
   Би бас авсан. Өчигдөр очоод ирсэн.

03.
1. Батаа чи унтах хэрэгтэй.
2. Дулаан хувцаслах хэрэгтэй.
3. Та нар шалгалтандаа бэлдэх хэрэгтэй.
4. Тэр түүнийг тосох хэрэгтэй.
5. Чи хурдан ирэх хэрэгтэй.

정답

04.
1. Эрдэм сурах хэрэгтэй.
2. Хүн бүр байгаль дэлхийгээ хайрлах ёстой.
3. Хүйтэн байвал дулаан хувцас өмсөх хэрэгтэй.
4. Аав ээжийгээ ачлах ёстой.
5. Хүн өдөрт 2-3 литр ус уух хэрэгтэй.
6. Өнөөдөр энэ орчуулгыг хийж дуусгах ёстой.

Хичээл 25

01.
1. Оюутнууд монгол хэлний дадлага хийхээр Монгол руу явах гэж байна.
2. Кино зураг авахаар гадныхан Монголд иржээ.
3. Зуны улиралд монголчууд амрахаар хөдөө явдаг.
4. Бид шалгалтандаа бэлдэхээр өдөр бүр номын сан руу явж байна.
5. Би сүү авахаар дэлгүүр явлаа.
6. Мин Ху үсээ засуулахаар үсчин рүү гарлаа.

02.
1. Тэр их сургуульд орохоор иржээ.
2. Хүүхдүүд гадаа тоглохоор гарлаа.
3. Би найзтайгаа уулзахаар Сөүл хот руу явлаа.
4. Манай ангийнхан хоол идэхээр явчихжээ.
5. Нагац эгч кимчи хийхээр баахан байцаа авчээ.
6. Би хуучин номын дэлгүүрээс уншихаар гурван ном авлаа.

03.
1. Аавыг хоол хийхлээр бүгдээрээ Мин Хуг дуудаад хамт идье.
2. Үүр цайхлаар замдаа гарна.
3. Зун болохлоор би явж далай үзнэ.
4. Харанхуй болохлоор миний хүү гэрлээ асаагаарай.
5. Сэрүүлэг дуугарахлаар чи босоод эмээгээ тосоорой.

04.
1. Ногоон гэрэл асахаар гараарай.
2. Багшийг ангиас гарахаар оюутнууд гардаг.
3. Таныг хөдөөнөөс ирэхлээр хоёулаа Лотте цамхагт очиж үзье.
4. Би энд монгол хэл сурахаар ирсэн.
5. Намар болохоор өвс гандаж, сэрүүн болдог.
6. Бороо орохлоор ган тайлдаг.

Хичээл 26

01.
1. Дуурь эхлэнгүүт шууд чимээ намдав.
2. Дүү эмээ уунгуут унтчихлаа.
3. Би түүний өгсөн хоолыг идэнгүүт даалгавраа хийсэн.
4. Бат өглөө эрт босонгуутаа хувцсаа өмсөөд гэрээс гарлаа.
5. Би ажлаа дуусангуут кино театр руу гүйлээ.
6. Би одоо ажил руугаа очингуут чам руу залгая.

02.
1. Борооны ганц дусал зам дээр унамагц уур болон дэгдэнэ.
2. Автобус хөдөлмөгц ээж сүүгээ өргөн хоцров.
3. Хичээл дуусмагц би чам руу залгая.
4. Зуны амралт эхэлмэгц монгол хүүхдүүд зуслан явцгаадаг.
5. Аав Сэжун хотод ажлаар очингоо найзтайгаа уулзлаа.
6. Тэр хүний яриаг сонсонгоо би шууд бичиж байна.

03.
1. танингуут
2. оронгоо
3. унтармагц
4. дуусмагц
5. харангаа
6. гарангуут
7. ирэнгүүт

04.
1. Би Солонгост очингуутаа дөгбугти идэж үзнэ.
2. Намайг уншаад дуусмагц та энэ номыг аваарай.
3. Тэр их сургуулиа төгсмөгц ажилд орно гэнэ.
4. Дулаарангуут цанын бааз хаагдана.
5. Болно. Та Бүсанд ирмэгц над руу залгаарай.
6. Тэгнэ. Энэ удаа аялангаа ажлаа хийнэ.

Хичээл 27

01.
1. юу
2. ямар
3. хичнээн
4. хэн
5. ямар
6. хичнээн
7. хаана
8. хэдийд
9. хэд
10. яасан

02.
1. Тэр юунд ирээгүй вэ?
2. Чи алиныг нь авах вэ?
3. Ямар ямар хүмүүс ирж вэ?
4. Та хэддүгээр байшинд амьдардаг вэ?
5. Та нар хаагуур аялаад ирэв?
6. Тэд хэзээ хэзээ ирэх бэ?

03.
1. хэдэн
2. хаачих
3. хаана
4. яаж
5. хэдийд

04.
1. Би яг одоо багштайгаа уулзаж байна.
2. Сэжун хот руу хурдны галт тэргээр явна.
3. Бид хоёр их дэлгүүр орох гэж байна.
4. Номын дэлгүүр гурван давхарт байдаг.
5. Сөүл хот их олон хүн амтай.
6. Хүйтэрмэгц эдгээр шувууд дулаан орон руу ниснэ.

Хичээл 28

01.
1. төлөө
2. төлөө
3. тулд
4. тулд
5. төлөө
6. төлөө
7. тулд

02.
1. өмнө
2. хойш
3. дараа
4. өмнө
5. дараа
6. хойш

03.
1. 체육관에서 10여명의 젊은이들이 모였다.
2. 교실에 대여섯여명의 학생이 공부하고 있습니다.
3. 양국이 수교를 맺은 지 30여년이 지났습니다.

정 답

4. 저는 10여년 전에 한국에 왔습니다.
5. 초원에서 말 스무여 마리가 방목하고 있다.

04.
1. шахам
2. орчим
3. турш
4. турш
5. турш
6. шахам

Хичээл 29

01.
1. шүү
2. дээ
3. шүү дээ
4. даа
5. шүү дээ
6. биз дээ
7. шүү

02.
1. бүү
2. битгий
3. биш
4. үл
5. бүү
6. үл
7. бүү
8. бүү

03.
1. 오늘 수업에 당신만 안 왔습니다.
2. 오늘 수업에만 그는 안 왔습니다.
3. 오늘 수업에도 그는 안 왔습니다.
4. 오늘 수업에 그도 안 왔습니다.
5. 이 초원에는 산도, 물도 없습니다.

04.
1. — Бат аа！Чи маргааш заавал ирнэ шүү?
   — Тэгнээ. Би маргааш заавал очно доо. Харин чи хоолоо хийчихээд хүлээж байгаарай.

2. — Энд Мин Ху ч, Сү Жи ч алга.
   — Тэр хоёр сая байсан шүү дээ.

3. — Интернэт тоглоом битгий их тоглооч. Нүдний хараа чинь муудна шүү.
   — За, ээж ээ. Би одоо дууслаа.

4. — Хоолоо битгий асга.
   — Би асгаагүй шүү дээ.

Хичээл 30

01.
1. тэгээд
2. тэгвэл
3. тэгвэл
4. тэгээд
5. тэгвэл

02.
1. гэвч
2. гэхдээ
3. гэвч
4. гэхдээ
5. харин
6. гэхдээ
7. харин
8. гэхдээ

03.
1. Бат шатар сайн тоглодог. Гэвч даам сайн тоглодоггүй.
2. Би хятад хэл мэдэхгүй. Тийм учраас түүний яриаг ойлгоогүй.

3. Бид маргааш аялалд эрт гарна. Тийм учраас аялалдаа сайн бэлдээрэй.
4. Би Мин Хутай уулзана. Тэгээд хамт хоол иднэ.
5. Би удахгүй очно. Харин ганцаараа очно шүү.

04.
1. Нартай байна. Гэхдээ хүйтэн байна.
2. Бид амттай хоол идсэн. Бас кафе ч явсан.
3. Бат солонгосоор сайн ярьдаг. Гэхдээ англиар ярьж чаддаггүй.
4. Цас орсон ч хүйтэн биш байна.
5. Маргааш миний ээжийн төрсөн өдөр. Тийм учраас төрсөн өдрийн бэлэг бэлдэх ёстой.

집필
송병구(단국대학교)
이선아(단국대학교)
B.Norovnyam(단국대학교)
Ch.Oyungerel(단국대학교)

감수
이성규(단국대학교)
유원수(서울대학교)

몽골어 2 초급 / A2

발행일	2021년 2월 22일 · 2023년 11월 15일 2쇄 발행
발행처	(주)지엔피에듀
발행인	황순신
홈페이지	www.gnpedu.co.kr
ISBN	979-11-973299-3-7 13730
정가	17,000원
디자인	(주)룰루랄라랩

· 이 책을 무단 복사 · 복제 · 전재하는 것은 저작권법에 저촉됩니다.
· 본 『몽골어2 초급』은 교육부 국립국제교육원의 '특수외국어 전문교육기관 사업비'를 지원받아 수행한 결과물입니다.
· 파본은 구매처에서 교환 가능합니다.